MÉMOIRES
DE
CORA PEARL

PARIS
JULES LÉVY, LIBRAIRE-ÉDITEUR
2, RUE ANTOINE-DUBOIS, 2
—
1886
Tous droits réservés

MÉMOIRES

DE

CORA PEARL

F. AUREAU. — IMPRIMERIE DE LAGNY

MÉMOIRES

DE

CORA PEARL

I

POURQUOI J'AI FAIT CE LIVRE

Il y a des femmes qui envient notre sort ; hôtel, diamants, voitures !... Quels rêves dorés ! Je ne veux pas me poser en moraliste : je serais mal dans ce rôle.

Si je publie ces Mémoires, c'est que je pense qu'ils seront intéressants, parce qu'ils mettent en scène la société du second Empire. Je ne crois pas beaucoup aux cris de là morale outragée et j'estime que je puis bien dire les choses que d'autres ont eu du plaisir à faire. Il va sans dire que je ne mets pas les véritables noms. Ceux qui lèveront le masque, et devineront dessous, tant mieux pour eux ! Ce n'est pas moi qui leur dirai s'ils ont vu juste ou non. Ce que j'affirme, c'est que je dis la vérité, n'ayant aucune raison de m'en cacher ; et la preuve, c'est que je débute par une chose que bien peu de femmes consentiraient à faire, par mon acte de naissance.

J'ai eu la vie heureuse. J'ai gaspillé énormément d'argent, je suis loin de me poser en victime ; j'aurais mauvaise grâce. J'aurais pu faire des économies : mais la chose n'est pas facile dans le tourbillon où j'ai dû vivre. Entre ce qu'on doit faire et ce qu'on fait il y a toujours une différence. Ce n'est pas pour moi toute seule que je dis cela. Je ne me plains pas : je n'ai que ce que je mérite. Il n'en est pas moins vrai que j'attends la publication de ce volume pour avoir quelques billets de banque et essayer de vivre. Encore une fois, si j'éveille une curiosité que certains prud'hommes pourront qualifier de malsaine, bien à tort, ce n'est nullement dans l'intention de me mettre en vue, car je n'en ai guère envie.

Je suis bien obligée de me citer, puisque je ne parle que d'événements auxquels je me suis trouvée mêlée. — Je n'y étais pas forcée, dira-t-on peut-être ! — Alors, tant pis pour moi ! Sans cette situation immorale, je n'aurais pas, néanmoins, connu les gens et les choses, dont je ne crois pas inutile de parler à ceux qui voudront bien me lire. Dans le courant du volume, on trouvera des lettres entières, ou des extraits de correspondance. Qu'on ne s'effarouche pas ! Je les donne sans remords comme sans crainte, sûre que, s'il y a peut-être indiscrétion, il n'y a certainement pas indélicatesse et que ces correspondances ne sont rendues publiques qu'à titre de simple curiosité.

II

MON ACTE DE NAISSANCE

CERTIFIED COPY GIVEN AT THE GENERAL REGISTER OFFICE, SOMERSET HOUSE, LONDON.

Superintendent Registrar's District of East Stonehouse

1842. BIRTHS in the District of East Stonehouse in the County of Devon.

No.	When Born	Name, if any	Sex	Name and Surname of Father	Name and Maiden Surname of Mother	Rank or Profession of Father	Signature, Description, and Residence of Informant	When Registered	Signature of Registrar	Baptismal Name if added after Registration of Birth
163	Twenty third of February 1842 East Stonehouse	Louisa Elizabeth	Girl	Frederick William Nicholls Cronch	Lydia Cronch formerly Pearson	Professor of Music	Lydia Cronch Mother Caroline Place East Stonehouse	Thirtieth of March 1842	J. Capron Registrar	

Certified to be a true Copy of an Entry in the Certified Copy of Entries in the Register Book of Births in the District of East Stonehouse in the County of Devon. Given at the General Register Office, Somerset House, London, under the Seal of the Office, the 23rd day of August, 1866.

By the Act of 6 & 7 William IV., c. 86, sect. 38, it is enacted, "That the Registrar General shall cause to be made a Seal of the said Register Office, and the Registrar General shall cause to be sealed or stamped therewith all Certified Copies of Entries given in the said Office; and all Certified Copies of Entries, purporting to be sealed or stamped with the Seal of the said Register Office, shall be received as evidence of the Birth, Death, or Marriage to which the same relates, without any further or other proof of such Entry; and no Certified Copy purporting to be given in the said Office shall be of any force or effect which is not sealed or stamped as aforesaid."

The Act 24 & 25 Vict., c. 98. sect. 36, enacts that whosoever shall "unlawfully destroy, deface, or injure, or cause or permit to be destroyed, defaced, or injured, any Register of Births, Baptisms, Marriages, Deaths, or Burials... or any Certified Copy of any such Register, or any part thereof, or shall forge or fraudulently alter in any such Register any Entry relating to any Birth, Baptism, Marriage, Death, or Burial... or any Certified Copy of such Register, or of any part thereof... or shall forge or counterfeit the Seal of or belonging to any Register Office,... or shall offer, utter, dispose of, or put off any such Register, Entry, Certified Copy, Certificate, or Seal, knowing the same to be false, forged, or altered," shall be guilty of Felony, and shall be liable to be kept in Penal Servitude for Life or for any term not less than Three Years, or to be imprisoned for any term not exceeding Two Years, with or without hard labour, and with or without solitary confinement.

III

MON ENFANCE — LA BOITE A MUSIQUE
MAMAN SE REMARIE

III

MON ENFANCE. — LA BOITE A MUSIQUE. — MAMAN SE REMARIE.

Donc, je suis née en 1842, à Plymouth, dans le Devonshire. Comme vous voyez, mon père était compositeur, ma mère chanteuse, et mes sœurs aussi. Une famille d'artistes. Seize enfants! Musique et patriarcat! C'est biblique.

On n'entendait à la maison que des dialogues dans cette note : « Il faudra que je fasse transposer. — Nous passons la reprise. — C'est une noire! — Non, une blanche. — Je te dis que si. — Parie que non! — Moi je ne veux plus chanter les romances de cet idiot de Backner. — Idiot! un homme qui interprète avec cette maestra mon *Kathleen Mavourneen !*

La protestation venait de mon père. Car mon père était auteur de ce morceau qui a obtenu beaucoup de succès en Angleterre.

— Je renoncerais aux croches, entendez-vous bien ? plutôt que de désobliger Backner.

— C'est une bête ! grommelait ma sœur cadette.

— C'est un ange ! répliquait mon père.

Et, à ce mot, ma mère levait les yeux vers le plafond, car elle était fort pieuse.

Mes frères ne restaient guère à la maison. Je ne sais trop ce que chacun d'eux faisait : ils étaient tant ! Il y en avait de petits et de grands, de bruns et de blonds, pour tous les goûts, enfin, comme à Corneville.

J'entendais tout, et me glissais partout. On m'appelait le furet. Je chantais tout ce que j'entendais chanter à mes sœurs, à ma mère, à papa. Installée devant une grande planche, sur laquelle notre bonne repassait le linge, je faisais courir mes doigts, à l'imitation de mon père, que je voyais, des heures durant, occupé à répéter sur son piano les airs que devaient chanter mes sœurs, ou à exécuter quelques morceaux de sa composition. J'ajoutais ma note de bruit au concert de vacarme, qui avait fait surnommer notre maison « la boîte à musique. » J'étais née pour entendre beaucoup de bruit, sinon pour en faire. Il y a une prédestination au tapage.

Malheureusement mon père n'était pas prodigue des seules notes de la gamme. Il nous aimait bien, sans doute, mais traitait l'argent avec un sans-façon qui le faisait fuir à peine entré chez nous. Quand il mourut, il avait mangé deux fortunes. Je n'avais que cinq ans. J'ai beaucoup regretté mon père. Je ne l'ai guère connu, parce qu'il est mort trop tôt; je n'ai guère connu ma mère, parce qu'envoyée en France, pour y rester huit ans, et accueillie ensuite par ma grand'mère, à mon retour à Londres, je ne lui rendais visite que de temps en temps, jusqu'au moment où des circonstances délicates m'interdirent sa porte, ainsi que celle des autres membres de ma famille.

Je n'ai jamais, depuis cette époque, entendu parler de ma mère, non plus que de mes frères ni de mes sœurs. Il y a très longtemps, ils étaient en Écosse. J'ai su que ma sœur aînée avait eu un engagement à Covent Garden. Personne ne s'est occupé de moi, je ne me suis occupé de personne. Sont-ils morts, sont-ils vivants ? Je l'ignore.

Mes premiers souvenirs datent donc de l'âge de cinq ans. Mon père venait de mourir. Ma mère s'était remariée. Il fallait un soutien pour les enfants du passé, un père pour ceux de l'avenir. Ce fut cette pensée de morale pratique qui décida ma mère à contracter une nouvelle union. Je détestais cordialement le second mari.

On me mit à Boulogne dans une pension. J'en sortis à treize ans, sachant passablement le français, déjà même assez attachée à mes compagnes, pour regretter la séparation. A mon retour à Londres, je ne logeai pas chez ma mère, mais chez ma grand'mère, madame Waats, dont la maison était assez éloignée de celle de mes parents.

IV

CE QU'IL EN COUTE D'ALLER SEULE A L'OFFICE
LE PETIT CHAPERON ROUGE ET LE LOUP
UN GROG FADE — LE LENDEMAIN

IV

CE QU'IL EN COUTE D'ALLER SEULE A L'OFFICE. — LE PETIT CHAPERON ROUGE ET LE LOUP. — UN GROG FADE. — LE LENDEMAIN.

Le fait suivant décida de ma destinée.

Depuis ce jour, je peux le dire, j'ai conservé une sorte de rancune instinctive contre les hommes. Parmi eux j'ai compté beaucoup d'amis, trop peut-être, des amis sincères, pour lesquels j'avais une affection bien franche, bien sérieuse. Mais jamais ce sentiment *instinctif* ne m'a quittée. L'impression est demeurée ineffaçable.

Je restais toute la semaine chez ma grand'-mère, elle aussi une ancienne artiste; je jouais aux cartes avec elle dans la journée;

le soir, c'étaient d'interminables lectures...
mais rien que des récits de voyages, par
« quelqu'un qui y était allé » car ma grand'-
mère, sur ce chapitre, tenait plus encore à la
vérité qu'à la vraisemblance. Ces lectures,
qui faisaient mon désespoir, lui causaient
un plaisir extrême : elle rêvait, la nuit, aux
précipices dans lesquels on tombe, avec un
soubresaut qui vous réveille. Le dimanche,
j'allais voir ma mère. Une bonne m'accompagnait. Ma mère m'envoyait le matin à l'église,
où la servante me laissait. La promenade lui
était nécessaire.

Je n'avais pas quatorze ans ; je portais une
robe courte et une natte de pensionnaire.
J'étais assez gentille, et pas trop timide.
J'avais le teint excessivement frais. D'ordinaire, l'office terminé, je rentrais chez maman. Quelquefois je revenais chez madame
Waats. Cela dépendait un peu des dispositions
de mon beau-père. Quand il était absent,
je restais tout le jour avec mes sœurs.

Un dimanche, au sortir de l'église, je ne
trouvai pas ma bonne. Elle s'était oubliée dans

sa promenade hygiénique et m'avait oubliée aussi. Je n'avais pas l'habitude de sortir seule, et trouvais très amusant de retourner comme une grande personne chez madame Waats. Je m'acheminais donc, trottinant, mon livre à la main, le nez au vent. Je fus suivie. L'homme pouvait avoir quarante ans.

Il m'aborda :

— Où donc allez-vous comme ça, ma petite fille?

— Chez ma grand'mère, monsieur.

Cela commençait comme le conte de Perrault.

— Votre grand'mère habite-t-elle dans le quartier?

— Oh! non, monsieur.

Il reprit :

— Je suis sûr que vous aimez les gâteaux.

Je rougis un peu, je souris, et ne répondis pas.

—Venez avec moi, je vous en donnerai.

Quelle aubaine! et comme il y a des gens aimables ! C'est bonne maman qui va rire quand je lui conterai ma petite histoire ! Qui sait si maintenant elle ne me laissera pas sortir seule ? Il n'y a aucun danger. Je suis grande !

Et je suivais le monsieur. Pourquoi ne l'aurais-je pas suivi ? Je n'étais pas vicieuse, oh non ! pas même curieuse. Et pourtant je me disais : « C'est drôle tout de même ! » non par défiance, — je ne savais rien de rien — mais avec un de ces petits étonnements qui vous font sourire — en dedans.

Chemin faisant, je jetais un coup d'œil du côté de mon cicerone : il me parut vieux. Il avait trente-cinq ans peut-être : mais une enfant de quatorze ans donnerait des béquilles à un homme de trente, et à un de quarante, un abat-jour vert.

L'homme me conduisit dans une grande maison, derrière le Marché, à l'angle de laquelle je vois encore un enfant en guenilles, à qui je donnai un penny. — C'est singulier comme certains souvenirs vous reviennent ! — On entra dans la maison, puis dans une salle très basse, où il y avait beaucoup de monde.

On riait, on buvait, on fumait surtout. J'étais suffoquée. Le monsieur me fit asseoir à côté de lui. Il me dit que je devais bien chanter, parce que j'avais la voix très claire. Il alluma sa pipe et m'offrit du gin. Moi, j'attendais toujours les gâteaux. La fumée devenait de plus en plus épaisse. Il cria : Un grog au rhum ! — Le grog n'arrivait pas. Il se leva pour aller le chercher. J'eus l'idée de m'esquiver, mais que penserait ce monsieur ? Il me prendrait pour une toute petite enfant ! — et j'étais jalouse de ma dignité de fillette. Le monsieur revint, portant un verre sur une soucoupe. Il me rappela une sous-maîtresse du pensionnat de Boulogne, qu'on avait surnommée *Quinquine* parce qu'elle avait la charge de l'infirmerie. Mais le grog était fade, l'atmosphère enfumée, le bruit de plus en plus étourdissant. On m'eût apporté des gâteaux, que je n'y aurais pas touché, tant j'avais la tête lourde et le cœur barbouillé. Je m'endormis sur ma chaise.

Le lendemain matin, je me retrouvai à côté

du monsieur, dans son lit. C'était une enfant flétrie de plus, lâchement, bestialement.

Je n'ai jamais pardonné aux hommes, ni à lui, ni aux autres, qui ne sont pas responsables du fait.

Quand j'ai lu les infamies de la Pall Mall Gazette, je n'ai pas été surprise. On fait maintenant ce qu'on faisait alors. Voilà tout.

Cet homme m'avait donné de l'argent.

— Si tu veux, nous resterons ensemble. me dit-il, en s'habillant. Tu auras tout ce qu'il te faut. Même, si ça t'amuse, nous irons faire un tour à Londres. Décide-toi.

J'étais absolument étourdie. Tout cela me paraissait un songe. Comme bonne maman, j'attendais le soubresaut! Pourtant je sentais que c'en était fait de moi, et que, de ma vie, je ne mettrais les pieds ni chez ma grand'mère, ni chez maman.

Il attendait ma réponse, assis près de la table, une cigarette à la bouche, les deux mains croisées sur son gilet, où pendait une chaîne d'or avec de grosses breloques : il faisait tourner ses pouces.

Je lui dis simplement que je ne voulais pas rester avec lui.

. . . .

. . . .

. . . .

Il s'est levé, a mis son chapeau, et a ouvert la porte. Là, il a haussé les épaules, s'est mis à rire et m'a dit :

— Je n'ai jamais forcé personne.

De ma part, pas une larme : un souverain dégoût.

Bien des fois je me suis dit, depuis cette histoire, la plus banale du monde, que la coquetterie de la femme avait plus souffert en moi que la vertu de la jeune fille. De tels séducteurs sont bien faits pour faire sentir l'horreur du péché

V

UNE MIOCHE QUI A LE SENS PRATIQUE

V

UN MIOCHE QUI A LE SENS PRATIQUE

J'avais remarqué une maison garnie habitée par des commis et des ouvrières. Cette sorte d'hôtel n'était pas éloigné de la prétendue pâtisserie où l'on m'avait conduite. Je pensais qu'avec de l'argent on trouvait toujours un gîte. Je n'étais pas riche, mais enfin je possédais cinq livres! un trésor! J'allai donc trouver la gérante du garni, un type d'exhibition foraine, une colosse, qui se montra pour moi pleine de déférence, quand je lui eus déposé en mains plus ou moins propres, le prix exigé d'avance pour la location. Puis, j'achetai chez une revendeuse les vêtements qui m'étaient nécessaires; le tout avec un sens pratique, qui me stupéfie aujourd'hui quand j'y pense. Avais-je du chagrin ? non : du regret peut-être. Avant tout, je me suis fait une loi d'être véridique. Je mentirais en disant que j'ai pleuré de la peine d'une séparation des miens. J'avais trop longtemps vécu loin d'eux, et force avait bien été, par suite des circonstances, de me regarder, à mon retour de Boulogne, comme une enfant de treize ans qui revient de nourrice.

J'aurais mieux aimé, en somme, le pensionnat que la famille : mais, tout inexpérimentée que j'étais, je sentais que l'indépendance était encore préférable à tout. Aussi n'était-ce pas sans une réelle satisfaction que je me disais : Je suis chez moi ! Je m'installai, au su et au vu des co-locataires, dont quelques-uns étaient à peu de chose près de mon âge. Ma chambre contenait tout juste un lit, une table, une petite armoire. Je ne pouvais plus compter que sur moi-même : je le savais, et j'envisageais la situation crânement, confiante dans la destinée. Je n'ai plus revu le loup de mon histoire, un marchand de diamants, paraît-il, qu'on nommait Saunders.

VI

WILLIAMS BLUCKEL.
JE PRENDS LE NOM DE CORA PEARL
PETITE FEMME : PETIT MARI — VOYAGE A PARIS
COMMENT ON S'Y PREND QUAND ON VEUT
RESTER

VI

WILLIAMS BLUCKEL. — JE PRENDS LE NOM DE CORA PEARL. — PETITE FEMME : PETIT MARI. — VOYAGE A PARIS. — COMMENT ON S'Y PREND, QUAND ON VEUT RESTER.

Je ne tardai pas à faire la connaissance d'un jeune homme, Williams Bluckel, propriétaire d'Albrect-Room. Bien élevé, sentimental de nature, il s'était pris pour moi d'une vive tendresse. Nous parlions français ensemble. Il avait une façon de dire : « Ma chère Cora ! » qui m'allait, parfois, au cœur. — Car j'avais pris le nom de Cora Pearl, sans aucune raison particulière, mais par pure fantaisie. Ce n'était pas que ce garçon m'inspirât une passion bien vive, mais il me consolait, par la délicate franchise de ses procédés, par la sincère expansion de sa jeunesse, des privautés odieuses que s'était arrogées le vieux satyre. Joli homme, doué d'une voix très sympathique, d'une physionomie avenante, par moment jaloux à faire rire, il possédait les qualités et les défauts qui ne laissent pas de plaire dans un véritable gentleman. Il avait vingt-cinq ans, j'en avais quinze; il m'aimait éperdument, et ne me déplaisait pas trop, en somme.

Nous nous livrions tous deux à de longues promenades, évitant avec soin les rues fréquentées, et gagnant, le plus souvent dans un cab, les portes de la ville. Une fois dans la campagne, nous nous mettions à courir, à jouer. C'était au mois d'octobre : j'emplissais mes poches de marrons pour faire des colliers. Puis, nous avisions quelque auberge où nous prenions notre repas, au grand air. Il me jurait qu'il n'avait jamais aimé que moi, qouiqu'il eût déjà, — il l'avouait, le monstre ! courtisé pas mal de jeunes filles. Moi, je lui répondais que je ne voulais pas me marier, que je détestais trop les hommes pour jamais obéir à l'un d'eux. Alors il se fâchait, m'appelait coquette, ajoutait que, puisque je répondais de la sorte à son amour, il ne me reverrait de sa vie, mais il se ménageait toujours des repentirs dont je me laissais toucher : je crois même, entre nous, qu'il spéculait un peu sur ses colères.

Au bout de deux mois et demi, il m'emmena à Paris. Cette résolution me fut très agréable. Je prononçais passablement le français, bien qu'avec un léger accent qui, de l'aveu de ceux qui m'ont connue, a sensiblement diminué avec le temps, sans disparaître tout à fait, comme un témoin parlant de ma jeunesse première. Remember !...

Quel plaisir de voir Paris ! Je sautais au cou de Williams ! Je l'embrassais !... Il s'était procuré un passeport bien en règle : « M. Williams Bluckel voyageant avec sa femme. » J'étais « sa femme », et il était « mon mari ! » A-t-on idée de ça ! Nous partîmes en véritables tourtereaux, roucoulant tout le long du

voyage. J'avais le cœur trop joyeux pour souffrir du mal de mer ! Je quittais Londres sans emporter d'autres regrets que celui d'y être revenue, après mes cinq années de pensionnat. Toutes les maisons m'y paraissaient des tavernes, toutes les boissons des narcotiques, tous les hommes des marchands de diamants.
— Plus d'une fois la pensée me vint de faire graver sur une bague que j'aurais mise au pouce de mon pied, cette devise : « Saunders shocking for ever !... »

Nous descendîmes à l'Hôtel d'York et d'Albion. Dès le lendemain de notre arrivée, mon «mari» me fit monter sur l'Arc-de-Triomphe, puis il me mena dans les égouts, aux caveaux du Panthéon, devant le bassin des Tuileries, où nous vîmes des poissons rouges. Nous allâmes après au spectacle, au Bois, aux concerts. A Meudon, nous fîmes une promenade à cheval dont nous revînmes, moi, avec un costume lamentablement déchiré, lui, sur une bête aveugle. Comme nous nous plaignions de ces disgrâces, le loueur nous assura que ces choses-là pouvaient arriver à tout le monde

A Charenton, nous avons mangé une friture de Seine : mais je n'ai jamais pardonné à Williams de m'avoir tenue une journée durant sur un bête de bateau, pour pêcher un goujon. Il l'a conservé dans de l'esprit-de-vin. Il doit l'avoir encore.

Ce voyage est, sans contredit, le plus gai que j'aie fait de ma vie ; ni à Bade où j'ai dépensé 200,000 fr., ni en Suisse, nulle part, je ne me suis amusée comme à Asnières ou à Saint-Cloud.

Nous nous sommes payé Mabille. Bluckel admirait la grâce naïve avec laquelle les Parisiennes du lieu exhibaient à l'œil du public continental et insulaire la cambrure plus ou moins pimpante de leurs pieds. Bref, notre séjour fut un long éclat de rire. Mais à l'éclat de rire devait succéder un autre éclat. Mon « mari » ne pouvait prolonger son séjour loin de sa famille et de ses intérêts. Il était propriétaire ; et l'immeuble a d'inexorables exigences. Au bout d'un mois, William me dit : « Il faut partir. » Il m'aurait dit : « Il faut mourir », que l'effet n'eût pas été pour moi plus désagréable.

— Partez, si vous voulez, moi je reste !

. . . .

. . . .

Cela dit, je m'empare du passeport et je le brûle.

— Ah ! faisait-il, en regardant notre acte de mariage qui se consumait, si j'avais su à quoi devait aboutir ce voyage d'agrément !... C'est moi qui ne l'aurais pas entrepris !...

Il paya l'hôtel et partit.

C'était mal, peut-être, ce que j'avais fait là. Mais c'était si spontané. C'est sa faute après tout, à ce pauvre garçon ! On ne mène pas sa femme à Paris, quand on tient à sa propriété d'Albrect-Room !

VII

MES LIAISONS A PARIS : D'AMÉNARD
LASSÉMA — ADRIEN MARUT — UN SOUPER APRÈS LE BAL
MARUT PÈRE ET MARUT FILS
UNE MONTRE ACCEPTÉE, UNE DONATION DÉCHIRÉE
LE DUC CITRON

VII

MES LIAISONS A PARIS : D'AMÉNARD. — LASSEMA. ADRIEN MARUT. — UN SOUPER APRÈS LE BAL : MARUT PÈRE ET MARUT FILS. — UNE MONTRE ACCEPTÉE, UNE DONATION DÉCHIRÉE, — LE DUC CITRON.

La première connaissance que je fis en France, fut celle d'un marin, d'Aménard. Pas d'argent, mais des récits de voyages!... Mon Dieu! qu'il eût fait l'affaire de bonne maman! — Mais avait-elle à vingt ans les mêmes goûts qu'à soixante?... Il voulait m'emmener au Petchili. C'était loin. Lui, tendre et aimable : il jurait de m'épouser au retour! Je lui promettais de l'attendre. Il parut touché de l'intention, mais, le marin, c'est une épave, un tonneau vide, une planche, sur laquelle il est téméraire de compter!

Puis je fus mise en rapports avec Roubise, très bien vue dans son monde, et qui me procura de nombreuses relations. Au nombre des plus intimes, je rangerai celles que je nouai avec Delamarche, dont j'étais très éprise. Mais, chez lui aussi, le cœur était plus riche que la bourse : d'ailleurs il dépensait l'un et l'autre de la meilleure grâce du monde. Quand la bourse est plate, le cœur est gonflé. Que faire alors? Se réfugier aux champs. C'est ce qu'il fit.

Ma liaison avec Lassema dura six ans. Celui-là fut, sans contredit, un des premiers anneaux de ma chaîne dorée. Héritier d'un grand nom du premier Empire, riche, correct de tout point, c'était en outre l'homme le plus prévenant, le plus soucieux de plaire, le plus adorable, — et je dois ajouter, le moins payé de retour. C'est terrible, mais ça ne se commande pas. Il était horriblement jaloux d'Adrien Marut, qui, non moins lié que lui par la naissance aux souvenirs de la même époque, brûlait pour moi de toute l'ardeur de ses dix-sept ans. Avons-nous chassé ensemble ! Avons nous assombri le front de Lassema ! Tous deux étaient amis, pourtant. C'était là le désolant ! Un jour, ils parlaient ensemble d'une cause alors célèbre.

— Cherche la femme, dit Lassema.

— C'est tout fait ! répondit étourdiment Adrien.

L'autre tourna les talons. Il n'était pas content.

C'est Marut qui, le premier, m'a fait cadeau d'un cheval, quand je montais en vélocipède, à Maisons-Laffitte, où j'avais une campagne. Mais lui, autant de dettes que d'amour : ce n'est pas peu dire ! A bout de ressources, craignant le papa qui aimait bien, lui aussi, ses petites aises, mais avait la main un peu prompte, quoique le cœur excellent, le petit Adrien courut verser ses peines dans le sein de l'Empereur. Celui-ci lui pardonna, paya ses dettes et poussa la bienveillance jusqu'à l'expédier en Afrique.

J'avais, peu de jours auparavant, soupé avec

le père et le fils Marut, après un bal à l'Opéra. Marut, premier du nom, fut très galant, Adrien, aussi expansif que le permettaient la circonstance et la déférence envers un père, qui prend sa nourriture en compagnie des dames. Mais que de piqûres au cœur sous le buisson! — nous grignotions des écrevisses.

On parla musique, aérostats, art culinaire. Marut père avait manqué de périr, je ne me rappelle plus où, en faisant la planche dans une piscine. Il avait contracté depuis cette époque une profonde horreur de l'eau. Il en donnait la preuve, tout en continuant de narrer. Le fils regardait son père avec inquiétude. Marut Ier ne perdait ni une bouchée de comestible, ni une parole de ma bouche. Ah! le joli souper de famille! Il faisait jour que nous étions encore à table. Marut recommençait pour la quatrième fois l'histoire de la fatale piscine. Le cocher et le groom qui avaient passé la nuit à attendre, — on ne les avait pas décommandés, — avaient déplorablement altéré la symétrie de leur chevelure. Ç'avait été très mal arrangé en somme : c'était un peu mon avis, et beaucoup, celui de ce pauvre Adrien. — En tout cas, c'est Lassema qui n'aurait pas été satisfait!!!

Le lendemain, Marut père m'envoyait une montre en or avec mon chiffre, et, quelque temps après, un service en argent. Quant au fils, il payait en promesses. Bien qu'il fût sans un rouge liard, il m'avait fait un acte de donation de deux cent mille francs, pour le jour de son mariage. Huit jours avant que le mariage n'eût lieu, j'ai déchiré l'acte et le lui ai renvoyé, avec mes souhaits. C'est sa femme qui m'a remerciée par Léon Marut. De lui rien. Pour beaucoup, le silence vaut de l'or. Il n'a pas desserré les dents. Et nous avons été quittes.

Le duc Citron avec qui je suis restée assez longtemps, s'est montré pour moi très généreux. J'ai de lui un magnifique collier de perles. Voici la lettre qu'il m'écrivait au sujet de ce riche cadeau :

La Haye, 17 mai.

« Ma chère Cora,

» Je ne sais pas écrire correctement l'anglais c'est pourquoi tu voudras bien m'excuser si je réponds en français à la lettre que j'ai trouvée à mon arrivée ici. Le bijoutier n'a fait qu'anticiper mes instructions. J'aurais voulu avoir le plaisir de t'offrir en personne le collier qui t'est bien destiné.

» Je regrette bien ne plus avoir eu le plaisir de te voir aux courses ; j'étais préoccupé, c'est vrai, mais plutôt par ta mauvaise réception que par autre chose, car, avoue que tu n'as pas été gentille avec moi, quand je suis venu te dire bonjour.

» Comme tu le penses bien, je m'embête bien ici, et la bonne visite que tu me promets me fera grand plaisir. Seulement il faudrait que mon appartement fût prêt à te recevoir. Tu me feras plaisir si tu veux faire mes amitiés à tous mes amis avec et sans crinoline.

» Adieu, chère Cora, je t'embrasse bien fort, et reste ton ami. »

« On s'abrutit loin de Paris », me répétait-il souvent. « C'est là seulement qu'on se sent vivre. » Le séjour de la Haye ne paraissait lui plaire que fort médiocrement : il aimait les voyages, le changement d'air, et... les jolies femmes...

AUTRE ÉPITRE

« Ma bonne amie,

» Je m'ennuie beaucoup ici : il me faudrait aller passer quelques temps à Paris pour me décrétiniser. Malheureusement bien des causes s'y opposent, et je crains que je ne pourrai pas m'y rendre de sitôt. Et toi, que fais-tu à Paris? Toujours belle, je n'en doute pas, je voudrais te le dire en personne. Quels sont tes projets pour l'été? Iras-tu à Bade ou ailleurs? Je n'irai pas à Bade, parce que je dois aller au camp, où je resterai environ trois semaines. C'est plus amusant que La Haye, mais cela ne vaut pas les plaisirs du voyage et des jolies femmes comme toi. Que font nos amis? Je pense que Paris doit être assez vide par la grande chaleur. Voilà depuis quelques jours que je ne suis pas bien, je souffre tous les jours de maux de têtes et de vomissements : c'est ennuyeux, et cela me met d'une humeur massacrante. Ajoute à cela qu'il n'y a pas une femme, et tu conviendras que ma vie n'est pas gaie ici.

» Adieu, chère, mille baisers, je reste ton ami.

» Je t'envoie la photographie que tu m'as demandée, j'espère que tu la trouveras ressemblante. Je m'ennuie beaucoup ici, comme tu penses bien ; je chasse tant que je peux, c'est ma seule distraction ; et je compte encore le faire, pendant tout le reste de la saison. »

2 Décembre 1884.

« Je vous suis bien reconnaissant, ma chère Cora, pour votre aimable proposition, vous êtes bien bonne de vous apitoyer sur un naufragé qui a besoin de sympathie. Je pars pour Caen samedi soir et j'y resterai jusqu'à lundi, après les courses, mais je ne reviens à Paris qu'après les courses de Deauville qui se terminent le 20 août. Si, après cette époque, vous êtes encore dans les mêmes dispositions et que vous veuillez encore m'offrir l'hospitalité, je serais bien heureux d'aller chez vous. Décidément je suis encore plus pris que je ne le croyais moi-même, car, au bout de trois jours, de ne pas avoir vu qui vous savez, je suis encore plus... qu'avant.

» Mille amitiés.

» Citron. »

J'aurais voulu qu'il m'emmenât dans son pays. Plus d'une fois, je lui ai fait part de mon désir.

La dernière fois que je l'ai vu, j'étais décolletée. Il m'a demandé de venir chez moi. J'ai refusé, craignant d'avoir quelque regret d'une trop facile condescendance. Il a insisté.

— Je vous propose cinq billets bleus.

Il vient.

Si les fonds étrangers étaient en baisse, il n'en fut pas de même de mon estime pour sa personne. Il part, me laissant les seuls témoignages de sa tendresse... Le jour même, il m'envoyait cinq billets de mille.

VIII

EN PATINANT
MORAY M'INVITE A L'ALLER VOIR A LA RESIDENCE
UNE GRANDE DAME JALOUSE DE GALLEMARD

VIII

EN PATINANT. — MORAY M'INVITE A L'ALLER VOIR A LA RÉSIDENCE. — UNE GRANDE DAME JALOUSE DE GALLEMARD

Ce fut au Bois de Boulogne, en décembre, par quatre degrés au-dessous de zéro que je fis la connaissance de Moray, en patinant. Je disparaissais sous les fourrures. Moray vint me parler.

— Cora sur la glace ? me dit-il, quelle antithèse !

— Eh bien, fis-je, puisque la glace est rompue, offrez-moi un cordial.

— C'est tout mon désir.

Nous entrâmes dans le café. Ensuite il me prit par le bras, et m'entraîna sur le lac à quelque distance.

— J'espère, me dit-il, que vous voudrez bien venir à la Résidence.

Il avait, en effet, une *résidence*, et je m'y rendis deux jours après. C'était une maison immense, à double compartiment. Dans le plus grand, toute la France, plus ou moins heureusement représentée, je ne parle qu'au physique. Des tournures faites au moule, des favoris côtelettes, des moustaches cirées : — énormément de moustaches cirées : — et aussi des échalas étayant des tonneaux ; tout un déballage d'infirmités assorties, borgnes, bancals, bossus, une Cour des Miracles. Je ne m'arrêtais jamais là, bien que de l'autre compartiment de la demeure une porte de communication me permît de contempler ce spectacle plus assourdissant encore que celui de la Bourse aux heures de combat.

Moray me fit cadeau d'un arabe blanc, que je montai, depuis, assez souvent. Il paraît que je n'avais pas trop mauvaise grâce, car le donateur, qui occupait dignement sa place au Jockey, me fit ses compliments et me demanda qui j'avais eu pour maître.

— Personne, lui répondis-je. La première fois que je suis montée, j'ai loué un cheval chez Latry, et je suis allée au Bois avec une camarade. Je n'ai appris ni à monter ni à conduire. C'est dans le sang.

Quand je me rendais à la Résidence, je prenais un escalier dérobé. Mon hôte réalisait le type du parfait gentilhomme. Parfois il semblait s'abandonner, mais il se retrouvait toujours. Nul mieux que lui ne tournait un compliment; mais ses compliments n'étaient jamais fades : il avait horreur de la banalité. Il savait mettre de l'obligeance jusque dans le reproche ; et il y avait plaisir à être grondée par lui. Il était de ceux qui ne vieillissent pas, et qui demeurent toujours vivants dans le souvenir. Adorateur passionné des arts, le théâtre l'intéressait particulièrement. Il avait un culte pour Musset : et cela n'étonnait personne. Qui se ressemble, s'estime. Il eut écrit une comédie entre une réception diplomatique et un discours officiel. Le plus agréable passe-temps, quand il restait chez lui, c'était, à ces chers instants qu'il m'était donné de le voir, de l'écouter avec son intarissable verve, ses railleries délicates, ses critiques fines et sans prétention. Il était charmant, assis au piano, avec son costume en velours violet. Il jouait avec beaucoup de sentiment, et chantonnait avec un goût exquis.

Une « grande dame » ne lui pardonnait pas sa courtoisie à mon égard. « Pourquoi donc, demanda-t-elle un jour à la duchesse de Harling, Cora Pearl ne me salue-t-elle pas? » Elle était jalouse de moi et de Gallemard. Moray subissait le contre-coup de cette antipathie.

IX

L HOMME A LA CARABINE

IX

L'HOMME A LA CARABINE

Gallemard m'avait rencontrée au bal de l'Opéra. J'étais au bras d'un jeune diplomate, très titré, très décoré, très envié.

— Quelqu'un d'ici, me dit un assistant, — Écossais fantaisiste, mais fidèle messager, — vous aime et n'ose pas vous le dire. Il a peur. C'est la première fois que cela lui arrive.

— Quelqu'un d'ici ? fis-je en riant. Serait-ce l'homme à la carabine ?

— Lui-même.

Je devinai qu'il s'agissait de Gallemard.

Notre première entrevue eut lieu très tard, chez un monsieur qui fait beaucoup parler de lui en ce moment. La grande dame a fait filer Gallemard en Amérique.

X

A BADE — ON M'INTERDIT LE SALON
J'Y FAIS LE SOIR MÊME MON ENTRÉE AU BRAS
DE MORAY

X

A BADE. — ON M'INTERDIT LE SALON. — J'Y FAIS LE SOIR MÊME MON ENTRÉE AU BRAS DE MORAY.

J'étais arrivée à... Bon ! voilà le nom qui m'échappe ! C'est un fait exprès !... Enfin c'est un endroit où l'on allait pour la montre, et d'où l'on revenait souvent... sans la sienne. — J'avais un train étourdissant ; un wagon de bagages, six chevaux, un personnel monstre. On m'avait prise d'abord pour la princesse Gargamelle ! Pas flattée !...

Je me présente pour aller au salon. Un commissaire m'interdit l'entrée. Il paraît que j'étais l'objet d'une mesure d'exception. Je demande le motif qui me fait exclure aussi impitoyablement, et m'empêche de perdre mon argent tout comme une humble marquise.

— C'est, me dit-on, par ordre de la Reine.

On est sévère, dans ce pays-là, sur le chapitre des bonnes mœurs. Tous les hommes y sont sobres, toutes les femmes, même les moins belles, y sont chastes. On ne permet aux jeunes filles, en fait de romans français, que les *Aventures de Télémaque* : encore Eucharis y est-elle devenue un « associé » du gentilhomme grec.

Pour me consoler je me rends aux Courses. Je rencontre là Dufour et Tangis, et leur raconte ma mésaventure.

Ils ne voulaient pas me croire.

— Venez avec moi, leur dis-je, pour être témoins d'un nouvel affront et rire un peu.

Tandis que nous causions, un domestique me remet une carte.

« Dépêche-toi de finir ton dîner, je t'offre le bras pour rentrer dans le salon... — Moray. »

— Voyez ! dis-je aux amis.

— Jolie revanche, et digne de la courtoisie d'un grand seigneur.

— Oui, répondis-je, très émue, très fière, très heureuse, un vrai Français !

J'avais, comme durant tout le temps de mon séjour à cet endroit-là, une quinzaine de personnes à table. — Le repas ne fut pas de longue durée.

Je fis mon entrée au salon au bras de Moray, au milieu d'une haie de curieux.

Il était allé trouver la Reine.

XI

ENCORE A BADE — MON CUISINIER SALÉ
COMTESSE ET POIS FULMINANTS — SANS LE SOU

XI

ENCORE A BADE. — MON CUISINIER SALÉ. — COMTESSE ET POIS FULMINANTS. — SANS LE SOU.

J'ai dépensé pas mal d'argent à Bade, mais des divers séjours que j'y ai faits, le dernier a, de beaucoup, été le plus coûteux. Il ne s'agit pas pour le moment des frais de jeu, c'est un budget qu'on vote sans discussion et sur place, et qui se règle à part. Je ne parle que des dépenses de séjour.

J'étais avec Lassema et j'avais un cuisinier qui cultivait l'art de l'approvisionnement d'une façon grandiose. Cet artiste se nommait Salé, un nom prédestiné aux piquantes hardiesses. Outre ses importantes fonctions à la cuisine, Salé faisait lui-même le marché et rendais ses comptes, avec une rondeur des plus simplifiantes.

La longue addition de ses engins culinaires faisait rêver : on ne se réveillait qu'au total.

Nous étions sur le point de partir avec Lassema. Nous descendîmes à la cuisine.

La première chose qui frappe nos regards est une rangée de cinq poulets de toute beauté, plus d'énormes quartiers de bœuf tout cuit, tout un étalage de viandes froides. Une véritable boutique de rôtisseur. Et de fait, je ne crois pas user de simple comparaison.

— Pour qui donc tout cela ? demandai-je à Salé.

Il me répondit imperturbablement :

— Pour M. le duc.

. . . .
. . . .

Mon dernier séjour à Bade, en 1869, m'a coûté, sans comprendre le jeu, plus de cinquante-neuf mille francs.

A Bade un grand nombre de messieurs avaient les poches percées. — Pour mieux perdre leur argent ? — Non pour laisser tomber à terre des pois fulminants. La salle de jeu en était semée. Un soir, ce furent de perpétuelles détonations. Le public, les croupiers surtout étaient dans une terreur inexprimable. On se serait cru à un feu d'artifice, moins les baguettes, comme vacarme s'entend : car en fait de fusées, on ne voyait filer que les gens. Et ce n'étaient pas les plus mal cotés du high life qui se livraient le moins à cette bruyante distraction. Mais on était à Bade! Après tout, c'était un jeu comme un autre !

J'ai entendu le lendemain de cette fumisterie, la comtesse de La Tôle qui disait en entrant dans la salle de jeu :

— Moi, s'il y a encore du pétard, je lève le pied !

La noble comtesse aurait dû se souvenir, l'an suivant, que les pétards n'avaient plus pourtant reparu au salon.

Que de fois il m'est arrivé de me trouver sans un sou ! Je me rappelle que je jouis de cet avantage étant à Bade. Je devais rejoindre

Lassema, parti quelques jours avant moi pour Paris. J'ai dû engager mes diamants pour faire le voyage. L'argent filait avec une rapidité dont on n'a pas idée. A cet égard on apprend en voyageant ; c'est bien le cas de le dire, et même en restant chez soi, comme M. Choufleuri : et comme lui, on est exposé à des visites de personnes qu'on ne va pas voir, et qui d'elles-mêmes vous reviennent ; oui, vous reviennent... fort cher. J'ai fait cette expérience à mes dépens. Pour bien savoir le prix des choses, il faut connaître la valeur même de l'argent : j'ignorais absolument celle d'un louis. Ce sont des industriels, voire des messieurs de la finance, qui ont fait sur ce point mon éducation. Et vous verrez qu'il faudra encore que je les en remercie !

A Monte-Carlo, je n'ai joué qu'une seule fois. J'avais emporté trente mille francs, et voulais payer mes dettes. Je gagnais peu. J'allais doucement, d'abord. Céline Barrot m'appelait « pintade mouillée » ; pourquoi pintade? Excès de délicatesse ! Alors je jouai plus gros jeu.

Bref, j'ai perdu soixante-dix mille francs en huit mois. Jolie façon de m'acquitter envers mes fournisseurs si polis, si déférents, tant qu'ils me surent ou me crurent riche, si durs, si impitoyables, si insolents ensuite! Ils furent payés néanmoins; mais un peu plus tard, voilà tout. Dans le moment, enfin, je n'avais absolument rien. C'était trop peu. Je devais sept cents francs à l'hôtel.

On a gardé mes malles.

Je suis retourné pourtant à Paris. Il le fallait bien! Mais comment? Voilà le beau de l'histoire, le glorieux. J'ai pris cinq cents francs à la caisse, au viatique. Pauvre j'étais, j'ai voyagé comme les pauvres. Il n'y avait pas à rougir. Cela n'empêche pas que j'aie fréquenté cette même année, durant mon séjour, de très grandes dames qui, depuis... Mais alors on était tout au jeu! La Wossaroff était là, jouant par chic.

XII

CE QUE COUTE UN SÉJOUR A VICHY
CHARADES ET TABLEAUX VIVANTS — UN DEMI-MOUTON
L'INNOCENT PIGOT ET LE CHATOUILLEUX
VAN DEN PRUG

XII

CE QUE COUTE UN SÉJOUR A VICHY. — CHARADES ET TABLEAUX VIVANTS. — UN DEMI-MOUTON. — L'INNOCENT PIGOT ET LE CHATOUILLEUX VAN DEN PRUG.

Durant les deux semaines que je restai à Vichy, avec Lassema, la maison n'a fermé ni jour ni nuit. Une auberge : l'hôtel du *Lion d'Or*, du *Cheval-Blanc !* tout ce qu'on voudra ! Seulement c'était l'hôte qui régalait. S'il m'est arrivé de me passer des fantaisies coûteuses, je puis dire que Vichy a été, à cet égard, l'un des principaux théâtres de mes exploits. Mon hôtel du *Cheval-Blanc* restait constamment ouvert aux amis, et aux amis des amis. C'était cette addition toute amicale qui grèvait déplorablement mon budget. On dansait le matin, on dansait le soir ! tout sautait chez moi : les gens et l'argent. La maison n'était pas grande, mais très commode.

Ce qui me charmait, c'était le jardin, dans un coin duquel étaient plantés des choux, que je prenais pour de la mâche. Mes invités s'amusaient tous les soirs à illuminer avec des lanternes de couleurs et des lanternes vénitiennes ce qu'ils appelaient ironiquement mon parc. On tirait de petits feux d'artifice. Même on faillit une fois mettre le feu à un hangar attenant. Il ne fallut rien moins que l'éloquence persuasive de madame Passot, la propriétaire, pour conjurer les menaces d'incendie. On ne vit plus brûler chez moi que le punch. Plus d'illumination, plus de feu d'artifice. Les bombes furent exclusivement réservées pour la table, qui était devenue l'objet d'un véritable siège.

Le coup d'œil était superbe. Salé, le surintendant de ma cuisine, se surpassait en me surpassant moi-même ! A bon entendeur salut ! C'est dans ces repas, qui se succédaient sans interruption, que j'ai pu juger de la beauté de certaines fourchettes. Il y a de ces faims qui défient la satiété. Je suis loin de m'en plaindre, mais j'aurais préféré m'en tenir à l'alimentation des amis. J'ignorais jusqu'aux noms du plus grand nombre de mes convives ; et c'étaient ces appétits anonymes qui me procuraient une satisfaction bien chère.

Les portes ne suffisant pas, on entrait par les fenêtres. L'innocent Castelnar fut victime de cette innovation. L'excellent homme était remarquablement myope, tout le monde savait ça. Depuis qu'il avait adopté le monocle, il était devenu presque aveugle, n'y voyant plus guère que de l'œil libre, — celui qu'il n'était pas obligé de fermer.

— C'est par ici qu'on entre, lui avait dit Malet, en le poussant du dehors sur l'entablement de la croisée.

— Ah! sapristi! nom d'un p'tit bonhomme! Elle est bien bonne!...

C'était sa formule.

— Allons! enjambe!

— Enjambe! c'est facile à dire, quand on

est comme toi une mauviette. Nom d'un p'tit bonhomme ! En voilà une bonne !

— Va donc ! Un coup d'adresse !... Une ! deux ! Ça y est. Il ne s'agit plus maintenant que de sauter à l'intérieur. Ce n'est pas malin.

Ce que disant, Malet saute lui-même, entre, va rejoindre le reste des invités, se croyant suivi par l'autre.

L'infortuné Castelnar n'avait pas aperçu un gros crochet, enfoncé dans la paroi du mur, et destiné, dans ce pays aux mœurs confiantes, à protéger l'immeuble contre de criminelles tentatives. Par une manœuvre malheureuse, il tente une évolution sur lui-même. Son ventre assez volumineux rebondit contre le montant de la fenêtre, il perd pied et reste suspendu par le crochet, un peu plus bas que la partie postérieure de la ceinture.

— Ah ! nom d'un p'tit bonhomme ! Elle est mauvaise !

On accourt à son appel désespéré; on le dégage. Saluts et congratulations. Lui, pas plus fier, déclare qu'il faut bien s'amuser un peu, et va faire réparer l'accident qui l'enchante, bien que, dans le fond, il la trouve un peu pointue.

N'empêche qu'on s'amusait fort ! On jouait aux tableaux vivants. Je vois encore Marut, qui représentait Antoine en costume de romain fantaisiste, revenant de chez l'épicier d'Égypte avec son vinaigre à fondre les perles.

On faisait aussi des charades. Léonard et Corbier se prêtaient volontiers à cette distraction. Une fois, on prit pour mot : Mercure. Pour le premier, Léonard crut à propos de nous servir un long récit de ses voyages, des dangers qu'il avait courus : pour le second, Corbier vanta l'excellence d'un remède, qu'il tenait d'un Peau-Rouge, et qui l'avait sauvé d'une maladie terrible. Lassema, qui, pour les rébus, mots carrés ou logogriphes, aurait rendu des points au sphinx, s'écria :

— J'ai deviné !

— Alors, dites le mot.

— Parbleu ! C'est *fatalité !*

— Vous n'y êtes pas.

— Par exemple !

— Le mot est *mercure*. Léonard racontait ses exploits sur mer.

— Eh bien oui ! « fat ! »

— Moi, dit Corbier, j'exhalais ma reconnaissance pour un souverain remède. Une *cure*.

— Eh oui ! une cure qui vous a tenu longtemps *alité*.

C'était raide, mais juste. L'alité et le fat se tinrent coi. C'est ce qu'ils avaient de mieux à faire. Mais ils ne vinrent plus. C'était une vengeance, car ils prêtaient fort au rire. Ce furent eux qui répétèrent partout, d'abord, que j'étais criblée de dettes — on n'est vendu que par ses débiteurs ! — ensuite, que ce n'était pas ma faute, si l'Empereur n'avait pas noué des relations avec moi. Napoléon se trouvait alors également à Vichy, et je n'avais fait aucune tentative pour me mettre dans ses bonnes grâces. J'avais laissé ce soin à Cornaline ~~Berlanger~~, que je vois encore en jupon vert et toute dépeignée, faisant elle-même sa lessive. Une femme d'intérieur !

Je ne me repens pas d'avoir jeté l'argent par ces fenêtres mêmes qu'on escaladait pour venir s'amuser chez moi : mais je ne puis me défendre de rendre justice au génie parcimonieux de dame fourmi, chez laquelle, par exemple je n'ai jamais été crier famine.

Ma présence à Vichy fut pour les fournisseurs une ère de bénédiction. Un jour, il était dix heures, je rencontre mon fidèle Salé, avec un demi-mouton sur son épaule.

— Qu'est-ce que vous portez là?

— Vous voyez bien, madame, c'est un demi-mouton.

— Pourquoi un demi-mouton ?

— Madame, on ne vend pas moins.

Il doit y avoir plaisir pour un artiste à faire la cuisine dans un pays on l'on entend largement la vie : 30,000 francs de nourriture en quinze jours.

Mon digne chef n'était pas le seul qui fît ses farces. Le vent soufflait aux excentricités de toute sorte. On eût dit une bande d'écoliers en vacances. Les plus graves en apparence étaient les plus fous. On courait le soir dans les rues, on changeait les enseignes des boutiques, on cassait les réverbères. Jéchonias Marut dirigeait le mouvement.

Toute farce suppose plus ou moins un dindon.

Ce fut à Pigot qu'on réserva ce rôle.

Il y avait un Hollandais du nom de Van den Prug, qui était, depuis quelque temps, l'objectif de la bande en quête de dupes. Grincheux par tempérament, le cher homme ne décolérait pas, soit au salon de jeu, où il allait quelquefois, soit à la buvette, où il regardait boire les autres. Il tenait de la nature un pli, situé près de la bouche, qui, lorsqu'il se fâchait, lui donnait une expression d'hyène bienveillante. On l'avait surnommé Van den Rictus.

Pigot était arrivé de la veille, sous le coup d'une douleur profonde : il venait de perdre une arrière-tante qui lui avait laissé toute sa fortune. Le pauvre garçon avait besoin de consolation. Il va sans dire qu'il ne connaissait pas ledit Hollandais.

— Une farce amusante, dit quelqu'un, consiste à prendre le premier nom venu, un nom aussi bizarre que possible, et à s'en aller demander de maison en maison, si l'on n'est pas chez l'individu porteur de ce nom imaginaire ?

— Ce doit être en effet très amusant, dit mon Pigot.

— J'ai pratiqué cette fumisterie, quand j'avais quinze ans. Vous voyez que j'ai commencé de bonne heure à faire poser mon prochain. Le plus drôle, c'est que j'allais me demander moi-même.

— Ah ! bravo ! c'était trouvé !

— N'est-ce pas ?

— Impayable !

— Eh bien, continuait un autre, prenons un nom quelconque, un nom étranger, cela vaut mieux, et c'est plus drôle.

— Un nom espagnol ? dit un des conjurés.

— Italien plutôt, ajoutait un autre.

— Pourquoi pas hollandais ? insinuai-je.

— Oui, Cora a raison.

— Oui, oui !

— Composons un état civil : un Van quelconque.

— Voulez-vous Van der Burg?

— Il y en a trop!

— Van der Muffle?

— Non! non! pas de charge!

— Van den Prug!... dit Lassema.

— Va pour Van den Prug!

Van den Prug fut admis à l'unanimité, plus une voix, celle de Pigot.

— Qui se charge de cette glorieuse mission?

— Moi! moi!...

— Doucement. Ne parlons pas tous à la fois. Confions à Pigot cette fonction délicate. Il nous racontera ses exploits ce soir même à table.

— Bravo! Un ban pour Pigot! Hip! hip!...

Voilà mon pauvre Pigot qui s'en va tout droit chez le farouche Van den Prug, dont on lui avait perfidement indiqué l'hôtel, comme point de départ de sa facétieuse odyssée.

— Monsieur Van den Prug?

— Entrez! lui dit-on.

— Superbe! pense notre ami. Voilà un hôtel où le service se fait à merveille. On y demanderait le Grand Turc qu'on vous le servirait!

Le grincheux arrive. A sa vue, Pigot est pris d'un tremblement qui l'empêche d'articuler. Le Hollandais commence à rire, signe d'orage.

— Vous m'avez fait demander, monsieur? Qu'y a-t-il pour votre service?

— Comment! balbutie le malencontreux visiteur. Est-il possible que vous vous nommiez Van den Prug?

— Venez-vous ici pour vous moquer de moi?

— Mais, monsieur...

— Voyons, monsieur, expliquez-vous!

Le pauvre diable voyait tout danser autour de lui. Le rire du Hollandais s'accentuait, de plus en plus sinistre.

— Je n'ai que mon nom pour toute fortune, monsieur, je saurai le faire respecter.

— C'est votre droit.

— Une dernière fois, répondez. Que voulez-vous?

— Moi? rien.

Et Pigot demeura muet comme une carpe.

— Voilà pour vous délier la langue, fit le grincheux personnage, en gratifiant la joue du pauvre diable d'une gifle sonore.

— Je vous excuse, fit Pigot, de plus en plus décontenancé. Vous êtes aigri, vous n'êtes pas méchant.

— Ah! fit à son tour l'enfant des vastes marais, c'est moi qui vous demande pardon! Si j'osais solliciter de vous un service?...

— Parlez, monsieur. Tout pour vous plaire.

— J'ai joué hier au soir, et j'ai perdu. Je n'ai pas un sou vaillant pour retourner auprès de madame Van den Prug et de mes enfants.

— Que ne le disiez-vous plus tôt? Je crois les avoir sur moi.

— Quoi?

— Les quatre mille francs!

— Quels quatre mille francs?

— Ceux que vous avez perdus.

— Je vous ai dit la somme?

— Évidemment. Les voilà.

. . . .

— C'est la Providence qui vous envoie. Je n'ai pas besoin de connaître votre nom, moi. Je connais votre cœur, cela me suffit.

Pigot n'est pas revenu dîner le soir. Il a prétexté une fluxion. C'est le maître de l'hôtel, témoin indiscret de la petite scène, qui a narré la chose à Lassema, après le départ du touriste hollandais, qui une heure plus tard avait quitté Vichy, en emportant une quantité prodigieuse de pastilles pour ses enfants.

XIII

AUTRE FUMISTERIE
A QUOI TIENT UN BUREAU DE TABAC

XIII

AUTRE FUMISTERIE. — A QUOI TIENT UN BUREAU DE TABAC?

Dans une autre résidence, on se plaisait à des amusements du même genre. Albert Binard qui ne cherchait qu'à rire — il était fort jeune alors — se livrait les jours de pluie à des distractions d'un goût plus ou moins délicat. Il avisait quelque brave femme, revenant du marché et cheminant, un panier sous un bras, un parapluie ouvert de l'autre. En impitoyable gamin, Albert, suivi de toute la caravane, spectatrice de son équipée, approchait derrière la bonne femme, saisissait entre le pouce et l'index une des tiges de son parapluie et exerçait une forte traction de haut en bas. Efforts résistants de la vieille qui, invariablement, serrait convulsivement contre sa poitrine l'instrument protecteur. Jamais le parapluie n'était lâché par la victime. Albert tirait de plus en plus fort : la femme opposait de plus en plus résistance. Et tant résistait la vieille, tant insistait Albert, que la pauvre femme finissait invariablement par s'asseoir au beau milieu de la rue, sans même avoir eu la possibilité de se retourner, pour connaître l'auteur de cette inconvenante familiarité. Nous avons eu plusieurs représentations de cette scène, avec autant de victimes différentes.

Une pourtant de ses dernières voulut éclaircir la chose, et en avoir, comme on dit, le cœur net. Elle fut assez habile pour désigner Albert à un agent, qui l'arrêta incontinent.

— N'ayez pas peur, madame, lui dit le commissaire, justice sera faite. C'est donc vous, gamin, qui vous permettez de pareilles mystifications?

Albert, Jéchonias et les autres amis qui

avaient pénétré dans le cabinet, baissaient la tête.

— Votre nom?

Albert donna son nom. Il fallait bien...

Le commissaire crut d'abord à une plaisanterie; mais on fournit des preuves; on proposa des références qui allaient si haut, si haut, que le commissaire en eut un étourdissement.

— Il faut pardonner à la jeunesse, madame, dit l'officier de l'ordre public. Nous-mêmes avons été jeunes.

— Monsieur, répondit avec dignité la vieille dame, je ne me serais jamais permis à vingt ans de profiter de la pluie pour...

La jeunesse de cette femme n'avait pas été orageuse, voilà tout!

Le commissaire reçut une invitation chez moi : il vint le lendemain, et n'eut pas à se plaindre plus tard d'avoir fermé les yeux sur ce qui n'était après tout qu'une peccadille. Quant à la bonne dame, elle fut tant et si bien recommandée, qu'elle bénit sa chute. Elle se plaisait à dire dans la suite :

— Sans ce jeune homme, je n'aurais pas eu mon bureau de tabac!

A quoi tiennent les choses!

XIV

COMMENT ON S'Y PREND POUR SE FAIRE SALUER
DANILOFF ET LE COLLIER DE PERLES

XIV

XIV

COMMENT ON S'Y PREND POUR SE FAIRE SALUER. — DANILOFF ET LE COLLIER DE PERLES.

D'aucuns ont le chapeau vissé sur la tête. A cette catégorie appartenait Pierre Daniloff. Beaucoup ont pensé qu'il portait perruque. Cela m'eût étonnée. J'inclinerais plutôt à croire qu'il était né coiffé. Donc Daniloff gardait toujours son chapeau rivé à son chef. Rien ne m'agaçait davantage. Je lui dis une fois très franchement ma façon de penser à cet égard. La scène se passait dans un restaurant. Daniloff entra, suivant son habitude, sans qu'il fût possible d'apprécier au juste la couleur de ses cheveux.

Je lui dis :

— Otez votre chapeau !

Ce n'était pas la première fois, du reste, que je lui faisais la même observation.

Il me répond :

— Je ne peux pas. Je m'enrhume dès que j'entre dans un cabinet de restaurant.

Une canne se trouvait à ma portée. Je la lui casse sur la tête.

Daniloff ne s'est jamais vanté de la chose, moi non plus. D'ailleurs il n'y avait là dedans pas plus d'héroïsme de ma part que de fantaisie de la sienne. Je ne cache pas pourtant que j'eus ensuite quelque regret. La canne était très jolie et portait sur sa pomme un chiffre pour lequel j'avais la plus sincère estime.

. . . .
. . . .

Pierre parut me garder assez longtemps rancune de la liberté que j'avais prise envers son chapeau et sa tête. Quinze jours plus tard, on était encore au même restaurant. J'avais un collier de perles. Un monsieur qui aimait répéter les calembourgs tout faits, s'extasiait sur la beauté de mes perles, en redisant sur mon nom, un jeu de mots plus ou moins galants. Que voulez-vous? Un financier peut bien faire un emprunt.

Il parut que le compliment n'était pas du goût de Daniloff. Il détache de mon cou le collier, le pèse dans sa main, avec une moue dédaigneuse.

— Vous prenez ça pour des perles? me dit-il.

— Pourquoi pas?

— C'est tout ce qu'il y a de plus faux.

Je jette par terre, à la volée, le collier qui se brise.

— Ramassez les perles, mon cher. Pour vous prouver qu'elles sont vraies, je vous en laisse une pour votre cravate.

Médusé, Daniloff ne bougea pas.

La noble assistance (on était à la Maison Dorée) ramasse aussitôt les perles. Il en manquait!!...

XV

POUR UN MILLION DE PARURES
QUINZE CENTS FRANCS DE VIOLETTES DE PARME AU
LIEU DE MOUSSE AUTOUR DES FRUITS
QUATRE VERRES CASSÉS — UN QUATORZIÈME CONVIVE

XV

POUR UN MILLION DE PARURES — QUINZE CENTS FRANCS DE VIOLETTES DE PARME AU LIEU DE MOUSSE AUTOUR DES FRUITS. — QUATRE VERRES CASSÉS. — UN QUATORZIÈME CONVIVE.

J'ai beaucoup donné, surtout aux femmes : très peu m'en ont su gré. Mais s'il fallait, quand on donne, compter sur la reconnaissance, je dirai, comme Gavroche, qu'il n'y aurait plus alors de plaisir. Ce sont celles auxquelles j'ai rendu le plus service, qui m'ont presque toujours fait le plus d'égratignures. Si encore elles avaient eu des mains propres ! J'ai le sale en horreur; et quoique n'ayant pas l'avantage d'être Parisienne par la naissance — j'ai scrupuleusement suivi le conseil de Musset : je n'ai jamais laissé traîner mon bras sur la manche du premier venu. Maîtresse de mon choix, j'ai gardé envers et contre tous mon indépendance. C'était le seul moyen de me faire aimer des gens à sac, ou de chambarder les malins.

J'ai eu beaucoup d'argent, beaucoup de bijoux, des parures magnifiques. La marquise de Kaiserlick profitait de ce que j'étais à Fontainebleau avec Marut, pour venir voir mes toilettes, et faire connaissance avec ma modiste et ma couturière, rue de la Victoire, place du Havre, rue Lepelletier, — où je payais mille francs par mois, — rue Grange-Batelière, puis, rue de Ponthieu, rue des Bassins. Dans mon petit hôtel, rue de Chaillot, avenue des Champs-Élysées, rue Christophe-Colomb, rue de Bassano, partout, mon appartement renfermait la plus étourdissante collection de ces petits riens qui coûtent si cher, potiches, curiosités, bibelots. A l'époque la plus brillante, j'avais pour un million de parures.

L'hiver, je donnais des soupers avec quinze

cents francs de violettes de Parme, au lieu de mousse autour des fruits. Je ne crois pas que mes hôtes aient eu à me reprocher un manque d'attentions. Je me suis toujours piquée de remplir avec honneur mes devoirs de maîtresse de maison.

. . . .

Un soir on prend le café. Un monsieur casse un petit verre et paraît très vexé. J'ai la maladresse cherchée, d'en casser quatre. Et notez que je tenais beaucoup à ce service. Je ne pouvais moins faire pour un galant homme, et je n'aurais voulu pour rien au monde le laisser partir, avec l'arrière-pensée qu'il m'eût contrarié en quelque chose.

Mon désir de contenter ceux qui me faisaient l'amitié d'accepter chez moi une invitation me poussait parfois à des excentricités plus ou moins divertissantes.

Une nuit, nous étions à table. Je vois la figure de Pothier s'allonger désagréablement.

— Pothier, êtes-vous malade?

— C'est le fond turc qui ne va pas bien, me dit tout bas Talsis.

— Fabrice, murmure sombrement Pothier, ne faites donc pas tourner votre couteau comme ça !

— Toujours facétieux, ce cher ami !

Talsis me regarde, puis tourne les yeux du côté de Pothier, dont l'expression d'inquiétude ajoute un nouveau charme à l'ébahissement habituel de sa physionomie.

On apporte le premier service. Le domestique renverse la salière. Le malheur est vite réparé. On parle d'un changement possible de ministère. Cette conversation ennuie bien vite. Barberousse conte l'histoire d'une jarretière, qui s'est retrouvée accrochée à la cravate d'un vieux brave. La plupart des personnes présentes savaient l'affaire : mais il y avait contestation sur la qualité attribuée au héros de l'aventure, vieux ? on accorde ça ; brave ?... c'est moins établi.

Pothier est blême.

Delbourg prétendait que l'histoire était apocryphe : selon lui, la chose était impossible.

— Voici, dis-je à mon tour, ce qui m'est

arrivé à moi-même, à Bade en 1865. Je revenais d'une promenade avec des amis. Je ressentais une légère oppression. Je vais dans ma chambre pour me desserrer. Savez-vous ce que je trouve? Un grand lézard vert à tête plate, marbré de jaune. Il était entré par mon bras, par ma ceinture, ce qui me semble extravagant, mais n'en est pas moins exact, et se tenait pelotonné dans le creux de mon estomac.

— C'est plus fort que la jarretière!

— Si vous ne me croyez pas, ajoutai-je; demandez à Lassema, ici présent et qui m'a débarrassé de la petite bête.

Un fou rire accueillit mon invitation.

Lassema mit la main sur sa poitrine et dit:

— Sur mon honneur, et sur ma conscience!

Pothier était sépulcral. Tout à coup il se lève :

— Pouvez-vous rire?

— Qu'y a-t-il?

On se regarde étonné.

— Comment? Vous ne voyez donc pas?

Comptez ! mais comptez donc! nous sommes treize!!

Ces mots étouffèrent le rire comme un seau d'eau étouffe le feu. Quelques braves haussèrent les épaules, mais ça jeta tout de même un froid.

Je me lève, passe dans la salle de billard, ouvre la fenêtre, résolue d'inviter le premier passant. Personne dans la rue. Au bout d'un instant, des pas se font entendre. J'expose à l'individu ma requête.

— Je ne dis pas non !

On l'introduit. Il se met à table, cause beaucoup, mange plus encore, et réveille l'appétit et la gaieté. Quand le souper fut fini, je le remerciai de sa complaisance : il me salua avec bonté en me disant : Tout à votre service !

Heureusement il n'était pas trop mal mis ! Et nous n'avions pas été treize à table !

XVI

UNE DONATION PROMISE : UN CHEVAL MORT
PREMIÈRE RENCONTRE AVEC LE DUC JEAN
AMBASSADE : RENDEZ-VOUS PRIS — VISITE A LA FERME
UNE TASSE DE THÉ CHEZ MOI

XVI

UNE DONATION PROMISE : UN CHEVAL MORT. PREMIÈRE RENCONTRE AVEC LE DUC JEAN. — AMBASSADE : RENDEZ-VOUS PRIS. — VISITE A LA FERME. — UNE TASSE DE THÉ CHEZ MOI.

On chassait à courre à Meudon. Un temps épouvantable. J'étais avec Adrien Marut.

— Quelle triste soirée nous avons passée l'autre jour! me dit-il.

Il faisait allusion au souper pris en compagnie de son père, après un bal de l'Opéra.

— Je n'osais pas te parler! Quand il y a quelque part des écrevisses, c'est toujours comme ça. Il n'y en a que pour papa!

— Pauvre petit! lui dis-je d'un ton quasi maternel.

— Mais, continua-t-il, tu seras dédommagée. Il t'a fait un beau cadeau : le mien sera plus beau.

Je fredonnais : Ma tanture lure lure !

— Il ne faut pas dire ma tanture lure lure !

— Alors ne dis pas d'extravagances.

Marut rapprocha son cheval du mien, s'assura que mon domestique, qui nous suivait, ne pouvait l'entendre, et me glissa ces mots à l'oreille.

— Je veux te faire une donation.

Moi très calme :

— Pas possible !

— Deux cent mille francs pour le jour de mon mariage.

— Alors, c'est sérieux ?

— Parole. Aussi vrai que j'ai un cheval. — Eh bien ! Qu'est-ce qu'il a donc, mon cheval ? Il n'avance plus, maintenant !

— Donne-lui de l'éperon.

Mais le cheval s'abat : il était mort.

— Prends l'arabe de mon domestique, lui dis-je.

Il le prit et piqua des deux.

. . . .
. . . .

Je reste seule : il pleuvait à torrents. J'entends gronder et pester. C'étaient le tonnerre et le duc Jean. A ma vue, ce dernier paraît un peu se radoucir. J'avais arrêté mon cheval. Il voit à terre celui d'Adrien.

— Qu'est-ce que c'est que ça?
— Le cheval de Marut.
— Le père?
— Non, le fils.
— Pas de chance! Alors Adrien chasse les mains dans ses poches? A-t-il au moins un parapluie?
— Il a pris le cheval de mon domestique.
— Ah! les dames!... Toujours bonnes!...

Il sourit et me quitte. Peu de mots, et tout l'homme avec sa brusquerie native, sa répartie acerbe, son observation toujours juste, sa courtoisie de grand air.

A la fin de la chasse, je vois un monsieur chauve, levant, baissant la tête, regardant à droite et à gauche, et se livrant à un monologue animé.

— Où pourrai-je bien la trouver?

— Qui cherchez-vous, d'abord?

— En vain je fouille les bois...

— Qu'y a-t-il?

— Il faut qu'elle se cache au centre de la terre! Cette Cora Pearl est invisible. Oh! pardon, je ne vous voyais pas!

Il savait son Molière. Mais je crois que le facétieux personnage jouait un peu la comédie pour son compte.

— Je suis secrétaire du duc, madame, secrétaire indigne, pour vous servir. Le duc m'envoie vous prier de vouloir bien vous rendre au château.

Et le secrétaire ajoute que si j'accepte, on m'attendra dans une allée, qu'il me désigne.

J'accepte, il s'éloigne, le cœur léger, l'âme satisfaite du devoir accompli.

Je me rends peu de temps après au lieu convenu. Le duc m'attendait en se promenant, les mains derrière le dos.

Il me demande si j'aime le lait?

— Cela, lui dis-je, dépend un peu du moment. Pour l'instant je suis assez disposée à en boire.

— Eh bien, entrons dans la ferme.

Nous prenons un bol de lait chaud des mains d'une grosse fille, qui passe en revue ma toilette, du capuchon aux bottines. La visite de la ferme dure bien une heure. Très expert dans la matière agricole, comme dans beaucoup d'autres, le duc fait obligeamment mon éducation rurale.

. . . .
. . . .

— Vous êtes Anglaise ? me demanda-t-il.

— Je suis née en Angleterre, monsieur le duc.

— Oui, reprit-il, avec son sourire malin, française à la mode d'outre-mer ?

— Non, à la mode du cœur.

— Bah ! la mode change et le cœur a des caprices.

— On ne s'en plaint pas toujours, lui dis-je. Mais cela ne continua pas sur le même ton.

Le duc n'aimait pas les choses qui n'ont ni queue ni tête. Je suis comme lui, sur ce chapitre, et si je suis restée de mon pays, c'est uniquement par mon amour du bon sens. Mais, entendons-nous bien du bon sens: dans le choix des mots; il ne s'agit pas de cet autre bon sens qui vous empêche de faire des folies... Oh! non! malheureusement!...

Quand nous sommes sortis, l'orage avait passé : le ciel était bleu.

— A présent, me dit-il, que nous avons fait connaissance, j'ai à Paris une autre ferme ; vous me ferez bien le plaisir de m'y venir voir quelquefois? Après le lait, le thé.

Ce fut lui qui vint me le demander peu de jours après, chez moi. Depuis, il me rendit plusieurs visites. Cela, m'a-t-il dit souvent, le délassait. Noirot, son ami intime, l'accompagnait de temps à autre, ainsi que Booz. Burnier, non plus qu'aucun de sa maison n'étaient aux fêtes du palais. Le duc trouvait tout son monde chez moi.

Mon impression première ne s'est pas modifiée. Cet homme est un ange, pour ceux qui lui plaisent. Son de voix agréable, rire franc, conversation spirituelle, au besoin badine ; — ange, je le répète, pour ceux qui lui plaisent : démon, roué, emporté, insolent pour les autres, ne se gênant jamais.

Loin d'éprouver avec lui le moindre embarras, j'avais fini par le dominer ; il s'était plié de bonne grâce, et ne se regimbait que sous l'aiguillon de l'amour-propre ou de la jalousie. Avec lui, comme avec tout le monde, je tenais à bien affirmer mon indépendance. Plus d'une fois même il me traita de sauvage.

— Tu as été nourrie, me disait-il, mais pas élevée.

— Continuez-moi, lui répondais-je en riant, le bienfait de la nourriture avec celui de l'éducation.

Jamais un mot de politique. Par exemple, un culte d'admiration pour Napoléon Ier. Car, au fond, il était très bonapartiste, le duc Jean, mais à sa manière. Il écrivait sur le Premier Empire, et se livrait à de patientes recherches ; excellent juge, penseur profond, travailleur infatigable; au demeurant, très bon enfant, ami des hommes et des bêtes. Il s'intéressait aux chiens, aux chevaux; les carlins l'avaient en affection.

XVII

LA BLANDIN, MON INTENDANTE, GRANDE CONFIDENTE
DU DUC
LE DUC JEAN ET DE ROUVRAY — JALOUSIE DU DUC
SES IDÉES SUR LE PROGRÈS A L'ÉTRANGER
ET EN FRANCE

XVII

LA BLANDIN, MON INTENDANTE, GRANDE CONFIDENTE DU DUC. — LE DUC JEAN ET DE ROUVRAY. — JALOUSIE DU DUC. — SES IDÉES SUR LE PROGRÈS A L'ÉTRANGER ET EN FRANCE.

En ces temps-là, la Blandin était mon intendante, mon *altera ego,* comme exigeait que l'on dît, dans l'espèce, un ex-normalien latiniste dévoyé quelque temps chez moi. Bref, elle remplissait les fonctions de femme de confiance, de demoiselle de compagnie, — je dis demoiselle par respect pour la locution : le mot dame n'allait pas du tout.

On a parlé de cumulards, sous l'Empire et l'expression était familière à Napoléon III. A ce compte, la Blandin était une fière cumularde.

Mais elle me donnait les preuves de la plus réelle complaisance. Je la chargeais de mes commissions : c'était elle qui veillait aux approvisionnements. Enfin elle était aux trois quarts honnête : c'est encore une estimable proportion.

Le duc en avait fait sa plus grande confidente. C'étaient des « ma bonne madame Blandin » par-ci ; des « cette excellente Blandin » par-là ; des « et votre sciatique, ma chère Blandin ? » Ces marques d'intérêt se donnaient dans l'antichambre, avec d'autres, non moins bien sonnantes et qui allaient au cœur de ma « demoiselle de compagnie » qui, soit oubli des convenances, j'aime mieux le croire, soit élan de tendresse, se permit plus d'une fois, de dire : « Il est vraiment bon prince, ce Jean-jean ! » Ce laisser-aller familier à l'excès me fit bondir, et bien que le mot fût de « l'excellente Blandin », je doute que ce redoublement par trop populaire eût beaucoup flatté le duc.

La Blandin avait pour auxiliaire dans sa charge auprès de moi une autre femme de mes grandes amies, pour laquelle je n'avais pas non plus de secrets : « la marchande de vin » — je ne lui ai jamais connu d'autre nom.

La première fois que je me rendis au palais du duc, « la marchande de vin » m'accompagna. De Rouvray était alors mon «ami». Il tenait à moi par tendresse de cœur plus peut-être que par ostentation de vanité. En plusieurs circonstances, il se rencontra chez moi avec le duc, et je me trompe fort, ou la bienveillance n'était pas, à vrai dire, le sentiment qu'ils nourrissaient l'un pour l'autre. Godefroy, ainsi que le nommait Barberousse par euphémisme, était aussi de mes familiers. Dans ce trio d'exécutants ou de dilettante, c'était le duc qui, prédestiné par sa haute situation à payer la note la plus haute, faisait naturellement entendre la plus aiguë. Godefroy n'avait pas lieu d'appréhender le ressentiment du Roi Lion, qui réservait à de Rouvray ses meilleurs coups de griffes.

Je recevais du duc les lettres suivantes : la première écrite sur des rapports exacts, peut-être, mais dépourvus de bienveillance; la seconde, relative à certain malentendu, dans lequel, je puis le dire aujourd'hui, il n'y avait pas eu faute de ma part :

« Il est vraiment des choses si désagréables qu'elles ne peuvent être passées sous silence. J'ai appris tout ce qui a eu lieu au dernier dîner que tu as donné, samedi dernier, je crois, à tes amis et amies, le monsieur qui est venu, la scène qui a éclaté, etc., tout, tout...

» Autre chose : ce soir, je sais que tu attends un de tes amis qui a demandé un congé sans doute pour venir te voir. Tu te passeras bien facilement de moi. »

Vendredi, 3 heures.

« Je t'adore, tu le sais, tu ne peux en douter et c'est bien vrai ; mais ta conduite, ma Pearl chérie, est fatale. Tu ne sauras jamais par où j'ai passé dans ces dernières heures. Te voir pour te perdre encore est au-dessus de mes forces, et nous mènera à quelque extrémité.

Tu veux venir pour me quitter une heure après et nous retrouver dans une situation impossible ! Hier je suis rentré derrière toi. C'est une bêtise de mes valets de chambre qui n'ont pas trouvé la clef. Eh bien, pense un peu à moi aussi. Viens, si tu es décidée, quand tu voudras. Mais jusque-là, je t'en prie, ne continuons pas une situation humiliante, presque ridicule pour tous. Je t'aime et t'attends ; quand tu le voudras bien. »

A ma seconde visite au palais, le nom de de Rouvray fut mis en effet sur le tapis. — Je recevais chez moi beaucoup trop de monde. Passe pour autrefois : il n'est pas mauvais de se créer des relations ; mais quand les relations sont nouées, quand surtout elles sont connues; quand on voit certains personnages, quand... quand... Enfin, il fallait opter entre la petite porte et l'escalier dérobé de « la grande demeure » — (plus tard j'entrai sans inconvénient dans le salon) — et l'hôtel plus modeste, mais très aristocratiquement coté l'hôtel privé où je n'allais pas, mais que son propriétaire quittait volontiers et très souvent, pour venir me voir.

Je promis tout ce qu'on exigea, — il faut bien être polie avec les honnêtes gens, — cependant je donnai à entendre que j'avais besoin qu'on m'accordât un peu de temps, pour me permettre de satisfaire aux exigences d'un nouveau et unique protecteur. Cette assurance, bien que mitigée par ma prudente réserve, rendit au duc toute sa sérénité. Je dînai avec lui en tête à tête. La duchesse était absente.

Il me demanda ce que je faisais de mon temps ; quels étaient mes goûts ; si j'avais été à Bade ? Il me promit que « si j'étais sage » il me ferait faire des petites promenades. — Il entendait par là quelques voyages à l'étranger. Enfin il fut très gentil, je dirai : très bon camarade.

Il m'avouait que les voyages étaient pour lui une passion. Il faut être paralytique pour rester en place. Une détention, même très courte, serait sa mort.

Parlez-lui de l'Amérique ! C'est là qu'on

pratique avec intelligence l'art de voyager !
Nos chemins de fer, à nous, sont des coches.
D'ailleurs, en France, la routine règne en souveraine : c'est la seule autorité à laquelle il n'y a pas de danger qu'on attente. Et voilà comment la nation la plus intelligente reste en arrière, faute d'initiative, dans tout essai d'amélioration, et d'empressement à profiter des progrès réalisés ailleurs depuis longtemps.

Je me disais en moi-même :

— S'il continue comme ça, nous manquons les Bouffes !

Car nous devions passer la soirée aux Bouffes. Nous y allâmes pourtant avec Noirot et Brunier.

Nous rentrâmes au palais, où je passai la nuit.

XVIII

LA CLÉ D'UNE GRANDE MAISON
RACONTARS DE LA BLANDIN ET DE MON AMIE LA
« MARCHANDE DE VIN »
LE RÉGIME DU BON PLAISIR — UNE TÊTE A TRAVERS
LA PORTIÈRE

XVIII

LA CLÉ D'UNE GRANDE MAISON. — RACONTARS DE LA BLANDIN ET DE MON AMIE « LA MARCHANDE DE VIN ». LE RÉGIME DU BON PLAISIR. — UNE TÊTE A TRAVERS LA PORTIÈRE.

Depuis, j'y retournai souvent. J'avais une clé qui me donnait accès par une rue latérale. Je couchais quelquefois dans une chambre voisine des appartements de madame X, dame de compagnie de la duchesse. Le retour de cette dernière ne mit point obstacle à nos entrevues. Je dînais immédiatement après elle, dans la même salle, et servie par le même maître d'hôtel. Tout en prenant mon repas, j'entendais dans le salon voisin causer la duchesse et jouer les enfants.

Cela m'a toujours gênée et impressionnée.

Au bout d'environ deux mois, durant lesquels il ne se passa guère de semaine sans que je visse le duc, celui-ci me demanda brusquement « ce que je faisais de M. de Rouvray ? » Je ne pus, à cette question, dissimuler un sourire. Le duc se leva de sa chaise, me regarda bien dans les yeux, puis, par une de ces diversions, qui lui étaient familières, et dont il usait, à la façon des acteurs qui ménagent leurs effets, tira de son portefeuille douze mille francs, à titre d'avance, sur le prochain mois, car je lui avais fait part, la veille, de quelque embarras où je me trouvais (1).

— Je ne suis pas méchant, me dit-il, et je veux que tu sortes toujours d'ici contente, pour que tu me reviennes toujours gaie. Mais tu aurais un peu plus d'ordre dans tes affaires, que tu ne t'en trouverais pas plus mal. Trop de gens te grugent.

(1) Il me donnait douze mille francs par mois. J'en dépensais régulièrement vingt-cinq mille.

Et comme je faisais un signe qui voulait dire : Je sais de qui vous tenez l'avertissement, il se hâta d'ajouter :

— Blandin n'a pas besoin de me le dire. Je le vois.

Je savais bien que je ne m'étais pas trompée : La Blandin avait trop parlé sous la pression d'une atmosphère dans laquelle se dilataient ses poumons. Elle-même me fit l'aveu de son indiscrétion ! car ce n'était pas une méchante femme.

La « marchande de vin », que le duc avait aussi interrogée, avait montré plus de réserve. Il est vrai que les arguments persuasifs avaient été moins forts. Quoi qu'il en fût, il ne m'était plus possible de rester avec de Rouvray, mais il était non moins délicat de brusquer une rupture. Le duc nous épiait : la corde était terriblement tendue, et j'avais toutes sortes de bonnes raisons pour me ranger du côté du plus fort.

Je n'avais pas non plus récemment fait preuve d'une adresse très raffinée. Pour expliquer une assez longue interruption dans mes visites devenues périodiques, j'avais prétexté une foulure au pied. A la vérité, c'était ma fidélité au duc qui avait été un peu boiteuse. Mais le duc était bon « rebouteur », il me le dit en propres termes et se chargea de remettre le pied au pas. Il était, dans certains cas, pour les grands moyens.

Celui qu'il jugea le plus pratique fut une menace d'expulsion, si je ne venais pas au palais. L'affaire valait la peine qu'on s'y arrêtât. Je me disais que l'expulsion était l'atout le plus désagréable qu'il gardât contre moi dans son jeu. J'avoue que je sentais en moi quelque révolte contre ce procédé tout autocrate. Se soumettre ou partir : c'était catégorique. J'étais donc sous le régime du bon plaisir ? Franchement cela ne me plaisait guère. Et mon indépendance ? ma fière indépendance ?... mon Dieu, je la gardais tout entière, après tout. Je pouvais fixer moi-même l'heure de mon exil si l'exil offrait jamais quelque avantage à mon amour-propre ou à mon caprice. Pour le moment, j'avais tout intérêt à me soumettre. Je retrouvai donc mes jambes et vins faire ma paix. Le duc parut touché de mon repentir. Pour cimenter la réconciliation, il m'acheta, rue des Bassins, un petit hôtel de quatre cent vingt cinq mille francs, sur lequel il donna tout de suite deux cent mille francs.

Je n'aurais pas cru le duc Jean susceptible d'une telle jalousie : et je fus dans la circonstance même sensiblement touchée de son zèle à me surveiller. Un exemple suffira.

J'étais allée la veille, dans la journée, chercher la Blandin, dans la voiture de Rouvray. Le duc a la vue excellente, l'oreille très fine, et justifie fort peu la réputation de sot et de poltron qu'on a tenté de lui faire. Il aperçoit le groom, rue Saint-Honoré, et suit. La voiture n'allait pas vite, à cause du nombre considérable de gens qui escortaient un régiment en promenade. Au bout de quelques minutes, il dépasse la voiture, revient brusquement sur ses pas, et fourre sa tête à l'intérieur par l'ouverture de la portière. Il me voit là avec de Rouvray. Quand je suis descendue, quelque chose me disait que je ne monterais plus dans ce coupé.

Quelques échantillons de lettres reçues du duc, durant cette période :

« Merci, chérie, j'ai été secoué, et après ton départ, je suis tombé dans une sorte d'abrutissement, dont j'ai peine à sortir. Je suis complètement sourd. Ma belle perle, je vous aime beaucoup. »

Madame Pearl
Au théâtre du Gymnase, loges des 1res n° 28 ou 6, rue des Bassins.

« Ce que tu m'envoies est *bête*. Ne pas venir ce soir après l'avoir promis, ce serait méchant. Je t'en prie, ma belle perle adorée, viens ne fût-ce que cinq minutes. Je t'attends.

» Un malade qui t'aime beaucoup. »

« J'ai oublié hier que demain mercredi il y avait un bal aux Tuileries. Difficile que j'y manque. Ce qui avait été projeté pour demain ne se peut donc pas. Après-demain jeudi, je suis libre. Toujours ces fêtes m'ennuient énormément. Je t'embrasse. »

XIX

UNE PROMENADE EN REMISE
POÉTIQUE SOUVENIR DU DUC DE BELLANO
LE COCHER ET LE ZOUAVE

XIX

UNE PROMENADE EN REMISE. — POÉTIQUE SOUVENIR DU DUC DE BELLANO. — LE COCHER ET LE ZOUAVE.

Quelque temps avant cette apparition subite dans notre coupé, il nous était arrivé une assez plaisante histoire que je racontai plus tard au duc lui-même, en ayant soin toutefois de lui cacher le nom du cavalier qui m'avait accompagnée dans la circonstance.

Nous avions déjeuné chez Brébant, de Rouvray et moi. De Rouvray propose un tour au Bois. Il n'avait pas sa voiture : nous prenons une remise. Le cocher ouvre la portière : nous montons, en même temps qu'un zouave prenait place sur le siège.

— Voilà, me dit de Rouvray, un gaillard assez sans gêne!

— Une connaissance du cocher! lui dis-je.

On part. Arrivés au rond-point des Champs-Élysées, nous rencontrons Girard avec un de ses amis. De Rouvray fait arrêter, ce qui ne paraît pas du goût du cocher.

— Nous allons faire un tour au Bois. Voulez-vous venir avec nous? Il y a place pour quatre personnes.

— Pourquoi pas pour six? dit le cocher, en maugréant.

— Ne fais pas semblant d'entendre, dis-je à de Rouvray, qui commençait à perdre patience.

Girard et son ami montent avec nous. Pendant ce temps-là, le zouave, toujours sur le siège, toussait, crachait, faisait un bruit du diable.

— Voilà un groom bien mal stylé! dit en souriant Girard.

— Et le cocher vaut le groom, ajouta de Rouvray.

Nous roulons.

Le zouave, très secoué, avait, comme on dit, quelque part, la sputation fréquente. Il me rappelait les malheurs arrivés à un aimable gentilhomme, lors de certain bal, donné dans un camp; et j'en fis en riant l'observation.

— Ah! oui! dit de Rouvray, en répétant le propos tenu dans cette circonstance par le cadet du héros de l'aventure : « Ce n'est rien, c'est mon frère, le duc de Bellano qui... dé... goise!... »

Ce souvenir nous mit en belle humeur. Nous rencontrâmes — c'était inévitable — un grand nombre de connaissances. En entrant au Bois les chevaux prirent le pas.

Le zouave se mit à chanter, — Dieu sait comme !

— C'est trop fort! dit de Rouvray.

— Il pourrait en effet le prendre plus bas, dit Girard.

De Rouvray mit la tête à la portière et pria le cocher d'imposer silence à son compagnon.

On descendit à la cascade pour prendre un rafraîchissement. Girard, toujours plein de prévenances, fit passer par le garçon un bock pour le cocher, un autre pour le zouave.

— Girard, mon ami, dit de Rouvray, je crains bien que tu ne sois trop généreux.

Les bribes d'une conversation fort animée parvenaient en même temps à nos oreilles. C'étaient nos deux hommes qui se prenaient de bec.

— Je t'ai dit la caserne du prince Ugène! criait le zouave.

— La porte en face! répondait le cocher.

— Les amis vont se taper, dit à mi-voix Girard.

Nous reprenons nos places dans le landau. De Rouvray donne mon adresse. Girard et son ami veulent bien nous accompagner encore.

Arrivé devant ma porte, de Rouvray paye la voiture, et donne au cocher le pourboire. Mais celui-ci fait la grimace :

— Merci! dit-il. Cinq personnes!...

— Comment, cinq personnes!... Nous ne sommes que quatre.

— Eh bien? Et le zouave?

— S'il vous plaît ?...

— Dites donc, bourgeois, si vous croyez que c'est agréable de se ballader deux heures avec un particulier qui m'a mis mon siège dans un état !...

Une pensée troublante traverse l'esprit de Rouvray. Girard, son ami et moi, partons d'un grand éclat de rire.

Le zouave avait été mis sur notre compte !

Je n'ai pas besoin de dire que le cocher l'a fait descendre plus vite qu'il n'était monté. La porte s'est refermée sur nous, tandis qu'un rassemblement commençait à se former devant la voiture, le cocher bousculant le zouave, en le traitant de « galvaudeux » et le zouave répétant au cocher, de sa plus douce voix :

« Quand j'te dis : A la caserne du prince Ugène ! »

XX

RENDEZ-VOUS A L'EXPOSITION DANS LE SALON
DU DUC JEAN
L'INTÉRÊT QU'IL PREND AUX DÉCOUVERTES
UNE DOUBLE SOMME — ATTENTIONS AIMABLES
CURIOSITÉ DU DUC POUR LES PHÉNOMÈNES
SUPRA-SENSIBLES
L'EMPEREUR NON MOINS CURIEUX DES MÊMES FAITS

XX

RENDEZ-VOUS A L'EXPOSITION DANS LE SALON DU DUC JEAN. — L'INTÉRÊT QU'IL PREND AUX DÉCOUVERTES. — UN DOUBLE SOMME. — ATTENTIONS AIMABLES. — CURIOSITÉ DU DUC POUR LES PHÉNOMÈNES SUPRA-SENSIBLES. — L'EMPEREUR NON MOINS CURIEUX DES MÊMES FAITS.

Quand nous devions nous rencontrer à l'Exposition universelle, nous nous y rendions isolément. Le duc avait un salon turc spécial, où je le retrouvais chaque jour à la même heure. Il y apportait souvent des notes, pour dérober le moins de temps possible au travail. C'était avec un plaisir extrême qu'il examinait, dans les plus petits détails, les objets d'art, les procédés de fabrication étrangère, les machines, particulièrement celles qui présentaient une application nouvelle de l'électricité. Plusieurs fois je l'ai vu dessiner des pièces mécaniques, et noter sur ses dessins certains points, au sujet desquels il avait ensuite avec les exposants des entretiens prolongés. La question des aérostats l'intéressait non moins vivement. Il avait une collection considérable de gravures, représentant des ballons de toutes formes.

— Après tout, lui disais-je, c'est toujours de la toile avec du gaz dedans !

Mes réflexions scientifiques avaient le don de le mettre de bonne humeur.

Une fois, il me fit voir un tissu tellement « contractile » que... ma foi, je ne me souviens plus de ses propriétés, mais c'était quelque chose qui aurait pu bouleverser le monde. J'ai su depuis par le duc lui-même « que cette prétendue invention était la plus vaste blague qu'on eût encore tenté de faire. »

Dans un de nos rendez-vous au salon turc, je m'étais endormie, en l'attendant. Je ne sais quel bruit léger me réveille. Je vois le duc dans un fauteuil, ronflant à s'égorger. Très étonnée, je ne fais aucun bruit, et m'amuse à faire avec un jeu de cartes minuscules, qui se trouvait sur la table, une patience qui ne dure pas moins d'une heure. Le duc se réveille et se met à rire.

— Tu dormais de si bon cœur, me dit-il, que je m'en serais voulu de te tirer de tes doux rêves.

— Et vous avez ronflé d'un tel appétit, que je me serais fait une conscience de troubler votre repos.

C'est l'unique fois que je l'aie vu dormir dans la journée.

Du reste, comme j'ai eu déjà l'occasion de le dire, il adorait ses aises, mettait volontiers les pieds sur la chaise, qui se trouvait devant celle où il était assis; et protestait souvent contre la tyrannie des gilets incommodément fermés. D'appétit très modéré à ses repas, il avait quelquefois des fringales. Alors il achetait chez le premier boulanger venu un petit pain qu'il fourrait dans sa poche et grignotait tout en se promenant. Jamais de sucreries ; il détestait les fadeurs, et me réservait des friandises, qu'il venait le soir m'apporter dans ma chambre, au Palais. S'il n'était pas là, fruits et bonbons attendaient sur la table de nuit.

C'était pour lui un supplice de se rendre aux Tuileries les jours de réception : il ne dissimulait pas l'ennui que lui causait ce qu'il appelait « les mômeries de l'étiquette ». On pouvait deviner qu'il aimait et craignait l'Empereur, dont il jugeait les opinions avec une respectueuse liberté, — je ne parle pas des actes politiques qu'il s'était fait une loi de ne jamais discuter.

Esprit éminemment pratique, indépendant, il avait néanmoins une tendance à croire, je ne dirai pas à la magie et aux sortilèges, mais à la réalité de certains phénomènes, d'un ordre supra-sensible — c'est de lui que je tiens cette expression. Les expériences de Hume, le fameux médecin qui fit tant de bruit sous l'Empire, qui modifiait, dit-on, à volonté, la température d'un appartement, faisait apparaître une main chaude et tangible, et s'élevait sans aucun secours à une certaine hauteur, l'intéressaient, comme bien d'autres, au suprême degré. « Il y avait là des choses qu'il ne s'expliquait pas. » Je l'ai entendu discuter longuement sur les questions du spiritisme, alors très à la mode, et réfuter avec chaleur les objections tirées de la possibilité de quelque charlatanisme dans la matière.

Plus tard, il prit un intérêt non moins vif aux séances du magnétiseur Banoti. Je dois dire néanmoins que la foi du duc fut sensiblement ébranlée par certaine réflexion de gros bon sens, que fit un jour, chez moi, Jules de Larny, causeur aimable, un peu sceptique.

— Mais enfin, lui demandait le duc, comment expliquez-vous que de l'eau claire prenne dans la bouche d'un sujet endormi tel goût qu'il convient au magnétiseur de lui communiquer, celui du marasquin, par exemple, du cognac ou du curaçao ?

— Comment me prouverez-vous, monsieur le duc, que le sujet endormi sent réellement dans son palais le goût du curaçao, du cognac ou du marasquin?

— Ma foi, répond le duc après un silence, j'avoue que je n'ai jamais pensé à cela!

— J'inclinerais à croire, dit quelqu'un, qu'il y a là une sorte de sujétion, un compromis entre le magnétiseur et son sujet.

— Et peut-être, hasarda un autre, un compromis entre le palais du sujet et le sujet lui-même?

Ce fut, à ma connaissance, la dernière fois que le duc Jean parla magnétisme.

J'ai entendu dire par des familiers de la cour que l'Empereur lui-même avait une tendance à ajouter foi à certaines circonstances, à certains pressentiments, voire à une simple expression qui le frappait dans une lecture. Il s'en cachait un peu, d'ailleurs, et sans chercher à faire de la bravade, plaisantait volontiers sur les propriétés fatidiques du nombre 13 et du vendredi. Le ton doucement railleur qu'il affectait, quand la conversation tombait sur ces matières, n'était pas toujours du goût de l'Impératrice. Bien qu'usant d'une convenance parfaite, l'Empereur semblait prendre un malin plaisir à contrarier sur ce point les susceptibilités féminines d'une éducation très espagnole.

Ces piqûres amusaient le duc : il en causait souvent en petit comité. C'était là, du reste, qu'il aimait à se mettre à l'aise.

Très entier, presque brusque, il haussait les épaules pour une simple divergence d'opinion, lui refusant l'honneur de la réplique, mais s'il rencontrait une objection crânement posée, il reprenait la discussion, sur nouveaux frais et avec un grand calme, employant tout ce qu'il avait de persuasion à ranger à sa cause son contradicteur. Ce qui était dur en lui, c'était l'écorce ; la moindre entaille révélait une grande délicatesse de procédés.

XXI

APRÈS LA GUERRE
EN ANGLETERRE CINQ SEMAINES AVEC LE DUC
COUP DE TÊTE ET COUP DE COLLIER
EN SUISSE : PROMENADE SUR LE LAC DE GENÈVE

XXI

APRÈS LA GUERRE. — EN ANGLETERRE CINQ SEMAINES AVEC LE DUC. — COUP DE TÊTE ET COUP DE COLLIER, — EN SUISSE : PROMENADE SUR LE LAC DE GENÈVE.

Ma liaison avec le duc Jean dura quelque temps encore après la guerre! Il était très libéral, je dépensais beaucoup. Quand on me chassa de mon petit hôtel de la rue des Bassins, je devais deux cent mille francs.

Les événements l'avaient péniblement affecté.

Il se trouvait alors, il m'écrivait souvent, me donnait les plus affectueux conseils, et bien que très abattu lui-même, relevait mon courage :

15 septembre 1870.

« Chère P. Je reçois ta lettre du 7 à l'instant, je ne sais comment elle m'est parvenue de Florence ! J'ai pu arriver ici avec assez de peine en passant encore par la France. Je suis en famille depuis quelques jours. Les désastres sont grands, mais ils ne m'étonnent pas. Je n'ai aucun projet encore ; impossible d'en faire avant quelques jours ; il faut attendre le résultat de l'attaque de Paris. Depuis deux jours nous n'avons plus de communication ! Je ne sais donc si cette lettre te parviendra. Ma tête est bien, mais je souffre assez des jambes. Depuis quelques semaines, que d'événements ! Quand même, il faut espérer. J'ai vu trop de malheurs depuis quelque temps pour n'être pas devenu d'un grand calme ! Ta lettre m'a fait grande joie, ma pauvre chère P.

» On m'a retenu même mes chemises à Paris où tout est sous séquestre. Cela me touche peu.

» Je t'engage à aller en Angleterre vivre *dans un coin* pendant quelques semaines, attendre que l'ouragan actuel passe. Il faut du calme et de la patience, et attendre. *Cela ne peut être long.* Écris-moi souvent et donne ton adresse exactement......

» Je suis bien pauvre, très navré, mais nullement abattu. Je souffre pour le pays, bien plus que pour moi! Qu'importe après tout pour soi! la vie est peu de chose; mais il faut lutter tant que c'est possible. Espérons toujours en des temps meilleurs. Écris-moi je t'embrasse très fort. »

28 octobre 1870.

« As-tu pu sauver tes affaires?

» Les nouvelles de Paris ne sont pas bonnes. Je crains des complications et des troubles avant l'hiver. Mets tes affaires à l'abri, si tu peux. C'est prudent. Écris-moi. *Cela n'ira* plus longtemps en calme chez moi. »

Lundi 10 janvier 1871,

« Je sais combien tes affaires te tourmentent et je crains que tu ne fasses pas ce qu'il faut pour en sortir. Un peu de sagesse, ne serait-ce que de moins dépenser! Aujourd'hui tout t'est difficile. Quand je songe que pour le moindre déplacement il te faut peut-être 15 ou 20 mille francs ! »

3 février 1871,

« L'autre jour mes pauvres domestiques et piqueurs de Meudon, où ils avaient été faits prisonniers, ont été renvoyés ici à Mayence ! Cela m'a rappelé nos jolies chasses. J'ai bien pensé à toi. »

10 novembre 1871.

« Tu sais qu'à Rome il y a des chasses au renard superbes!... Tu aimes les petits chiens, l'un est une délicieuse petite bête, je m'occupe d'elle aussi à présent dans mes environs : ce sera facile.

» Réponds-moi... Cela me fait toujours si grand plaisir! D'abord ton papier a ton odeur! Si on pouvait avoir quelques jours de plaisir et d'oubli ce serait bien bon. Il fait si beau ! »

28 août 1871.

« Probablement dans quelques jours j'irai à Londres pour deux ou trois semaines, pas plus, et c'est une corvée d'affaires qui me contrarie. Je déteste Londres, et n'y ai que de mauvais souvenirs. »

De Paris où il vint passer quelques jours, il m'écrivait, pour me donner rendez-vous :

« J'aurais grand plaisir à te voir, mais où? *that is the question?* Chez moi, impossible. Chez toi, cela me répugne un peu, cet hôtel... Tu comprends? De plus je suis très surveillé, quoique simple bourgeois, et la presse s'occupe souvent bien ennuyeusement de ce que je fais. Pour rien je ne voudrais te causer des embarras avec ceux que tu vois ou dans tes affaires. Le mieux est d'aller ce soir au Bois de Boulogne. Il fait si chaud. Si une promenade te convient, je pourrai être à huit heures et demie devant le Jardin d'Acclimatation et t'embrasser, causer en te promenant. Réponds. »

Puis c'étaient des moments où la jalousie reprenait le dessus. L'homme apparaissait alors avec l'amertume de ses réflexions, la rigueur de ses résolutions...

1871.

« Allons! puisqu'à présent il n'y a plus de situation possible, il faut en finir et te dire adieu. Je pourrais te reprocher ton manque de loyauté, — mais passons. Il faut tout terminer à la fois pour n'y jamais revenir. Je regrette que nous n'ayons pas d'intermédiaire pour régler les petits arrangements de ta maison ici, de Paris. »

Mais le repentir suivait de près la colère, et c'étaient alors des conseils d'ami, une sollicitude que je qualifierais volontiers de paternelle :

« Voyons, ne t'abandonne pas : il faut du courage et de la raison. Je t'assure que je suis assez embarrassé moi-même, mais il faut lutter. Diminue tes dépenses tant que tu pourras...

» Dis-moi ce que tu fais, comment tu vas? qu'est-ce que ces douleurs que tu as? ta jolie figure enflée, mais cela me désole. Je suis assez occupé, quoique bien seul et triste, tu le devines. Je voudrais bien aussi te revoir;

quand? où? les derniers événements me forcent à une certaine prudence dans ma vie qui est horriblement *espionnée*. Mais après tout je suis entêté et persévérant. »

« Je crains des ennuis pour mon voyage. Enfin — *the spirit is good*, d'abord parce que je t'aime beaucoup, et ai grande envie de t'embrasser, et enfin parce que mes affaires vont un peu moins mal. Le temps est affreux : de la neige depuis dix jours, un froid de loup. Le travail seul me distrait.

» De tous les côtés il n'y a que deuil et misère. Enfin, enfin, il faut bon courage. Ces jours de fin d'année, gais pour tout le monde, sont bien tristes! J'ai cependant fait venir mon petit de la pension où il travaille bien. »

« Souvent j'ai pensé à tout ce que j'aime embrasser rue des Bassins, du haut en bas : ces idées ne sont pas bonnes en voyage où cela fait rêver. J'espère que tu vas bien, que tu es toujours jolie... je ne dis pas sage. Au beau soleil d'Italie je n'ai pas vu de jolis cheveux dorés comme ceux que je connais. Malgré le mal que ces dames se donnaient avec les modes actuelles, elles en avaient souvent de deux couleurs. »

Londres, 23 décembre 1871.

« J'ai été en effet bien occupé à mon arrivée, et je le suis encore souvent peu agréablement. Vendre ma maison, vendre tous mes débris, déménager une partie en Suisse, tout cela est plus qu'ennuyeux. Je ne puis rien faire actuellement pour la statuette, malgré tout mon désir de l'avoir : nous verrons cela, quand j'aurais fini avec mes objets, du reste cela ne presse pas.

» Ce que tu me dis me fait de la peine. Allons! j'espère bien qu'il te reste un peu de bonne volonté pour t'amuser. J'ai entendu dire que tu étais charmante à un bal, ce qui ne m'a pas surpris, cela t'est facile. Ce qui doit t'ennuyer, c'est d'être brouillée avec plusieurs de tes anciennes amies. Il y en a une que je regrette pour toi. »

Son inquiétude pour ma sécurité se trahissait dans chacune de ses lettres. On ne pouvait prendre trop de précautions pour sauvegarder son avoir : ce qu'on avait enduré n'était rien peut-être en comparaison des catastrophes que nous réservait l'avenir.

3 juillet 1871

« J'ai ta lettre de vendredi. L'adresse m'a causé plus de plaisir que le contenu. Vraiment tu es *superbe* et *complète*, quoique charmante. Mais ne parlons plus de ce maudit Londres ! Je crains que ton cœur ne soit meilleur que ta tête et ton caractère. »

7 août 1871.

« Dans quelques jours, si cela s'arrange, et quand j'aurai mes maudites réponses, j'espère t'envoyer quelques balles. Ce pauvre Paris ! tout ce qui m'en revient est bien triste. Écoute un conseil *sérieux* : prends tes précautions, mets tes affaires précieuses à l'abri, il est insensé de tout laisser chez toi, surtout les bijoux. C'est avant l'orage qu'il faut s'abriter ; il y aura de grandes difficultés, tâche qu'elles ne te surprennent pas. Aussi paie le moins possible, mets en sureté le plus possible, et crois que des événements ne sont pas loin. »

« J'ai des affaires qui ne marchent pas, ou marchent mal. Il n'est cependant pas impossible que j'aille pour quelques jours sur le bord de la mer. L'eau froide lave les ennuis, et alors, je tâcherai de te voir. Restes-tu à Paris ou à Maisons par cette chaleur lourde ? Ce n'est pas commode de se voir en France, où j'ai tous les désavantages de l'évidence sans les bénéfices. A ce point de vue, il n'y a pas à regretter ton absence pendant mon dernier séjour. »

22 novembre 1871.

« J'ai aussi peu d'agrément que toi, seulement je suis malade et trouve que la sonnette du médecin est aussi ennuyeuse que celle des créanciers. J'ai repris mes maudites fièvres. De jour en jour je veux partir et j'ajourne. »

« J'ai écrit hier un mot à A. Le brave garçon fait toujours la même chose : il m'écrit pour venir, je lui dis : Oui, avec plaisir. Alors, il répond pour ajourner. Il est probable qu'il viendra me voir à Londres, et cela me fera plaisir. Je l'aime beaucoup, fais-lui mes amitiés. »

11 décembre 1871.

« Ta lettre m'a fait de la peine, elle ressemble peu à celles que tu m'écrivais de Cabourg. Te savoir souffrante et malade me chagrine beaucoup. Moi-même, je ne suis pas bien du tout. J'ai des douleurs. Nous avons un temps affreux, de la neige, dix degrés de froid : la nature est aussi attristante que le reste.

Tu es bien bonne de me demander mes projets. Tu sais bien que jusqu'à l'ouverture de Paris, il n'y a absolument qu'à *attendre*. Tu ne penses pas que j'aie été à R.?.. Ce sont d'absurdes cancans de domestiques. Il est très probable que *j'irai dans le mois de janvier* en tous cas en Belgique, et que je pousserai jusqu'en Angleterre, où j'ai des affaires à terminer, pour vendre une partie de mes propriétés ici. Vouloir tisser des projets est insensé aujourd'hui. C'est impossible. Vivre aussi tranquillement que possible, se préparer, c'est tout ce que je fais. Tu sais par expérience que j'ai toujours été aussi *utile* que possible pour toi. J'ai une faiblesse qui dure toujours pour la P. Je l'aime bien, j'y pense, et la reverrai dans quelques semaines si le mal ne me gagne pas, mais je me soigne et lutte tant que je puis. Il n'est pas facile de m'abattre tout à fait, et j'ai de la volonté et de la prévoyance ; mais il est des événements au-dessus de toute force...

» Je t'aime bien franchement, crois bien que ce n'est pas de la froideur. Il faut que je me tienne à quatre souvent, pour ne pas me hâter plus qu'il ne le faut d'aller embrasser ma chère P. chérie ! »

Après 70, j'étais partie pour Londres où le duc devait me rejoindre incognito. Je louai à Governor-Hôtel, où je retournai d'ailleurs lors de mon expulsion, un vaste appartement.

Un matin, le gérant vient me trouver et dit :

— Vous êtes mademoiselle Cora Pearl ?

Je lui réponds :

— Qu'est-ce que cela peut vous faire ?

— Je ne puis vous garder.

— Mais, j'ai payé un mois d'avance pour occuper le premier.

— Ceci reste acquis.

C'est comme ça en Angleterre.

Force m'était de me mettre en quête d'un autre hôtel. C'est ce que je fis. Seulement je ne payai pas d'avance. Le duc arriva huit jours après, mais cette fois, ce fut lui qui ne voulut pas loger dans l'hôtel : il y avait des Allemands au rez-de-chaussée. Il prit une maison complète. Cinq semaines, vingt-cinq mille francs.

Je cherchais à le distraire autant qu'il était en moi, mais n'y parvenais guère ; les événements l'avaient douloureusement frappé. Son front était soucieux, et le mien endommagé. Voici la cause de cet accident, qui a laissé sur le haut de ma tête une légère marque à laquelle on pourrait me reconnaître si je venais jamais à me perdre.

Je chassais à Brighton. Une barre fixe se trouvait devant moi. Je veux la sauter, je tombe de cheval et me casse le front. Mais je réfléchis qu'il se fait tard, que le duc m'attend, et qu'en mettant au galop mon cheval, je puis arriver à l'heure pour le train. Je ne fais ni une ni deux, et me remets en selle. Ce cheval est le dernier que j'aie eu. Il m'avait été donné deux fois par deux personnes différentes. Arrivée à la station, je l'ai laissé, et j'ai pris le train.

C'est charmant en Angleterre, on trouve toutes les commodités pour mettre en consigne un cheval dans une gare, comme on met en France des lapins.

Après ces cinq semaines, passées à Londres avec le duc, nous allâmes ensemble en Suisse.

Il me proposa une promenade en bateau. Nous étions à quelques mètres environ de l'endroit où nous avions embarqué, quand nous nous croisâmes avec quelques jeunes gens qui regagnaient la terre.

— Tiens, fit l'un, en montrant le duc à ses camarades. Regarde-le donc, c'est lui !

— Il a oublié son grand sabre ! fit un autre,

Ces grossièretés à brûle-pourpoint font mal. Si l'un de ces voyous eût été encore à ma portée, je l'aurais souffleté de bon cœur.

Le duc n'a rien dit.

C'est sur ce beau lac, pour la première fois peut-être, que je me suis sentie heureuse d'être son amie.

La promenade terminée, quand nous avons débarqué à notre tour, les mêmes individus, tout en se tenant à une distance respectueuse, se sont mis de plus belle à lui prodiguer les injures. Le temps était pur, le lac limpide, le duc très calme, et j'avais pris son bras.

J'extrais d'une volumineuse correspondance du duc, un certain nombre de lettres qui intéresseront, je crois, par les réflexions qu'elles renferment et les sentiments qu'elles font paraître.

Londres, 1er janvier 1872.

« Je ne t'ai pas répondu plus tôt, voulant t'envoyer tes étrennes avec ma lettre. Je t'envoie de l'argent, ainsi que tu le préfères, regrettant de ne pouvoir faire plus. Mais les temps sont durs, et mes affaires pas encore arrangées.

» J'ai souvent entendu parler de toi. J'espère que tu t'amuses ; après tout, il faut passer son temps le mieux possible ; ne donne pas trop de dîners !

» Londres est toujours peu agréable, moins ennuyeux cependant en hiver que pendant la saison. J'aime toujours avoir de tes nouvelles, ma belle chérie. Si je n'écris pas plus souvent, c'est que je voudrais t'envoyer de quoi te rendre heureuse, et que cela ne se peut pas toujours. Je t'embrasse bien. L'année qui commence sera difficilement plus mauvaise que celle qui finit ! Il est tard et je veux que ma lettre et son contenu partent le 1er. Au milieu de tout pense un peu à moi. »

» Enfin une lettre de toi, hier ! Ce n'est pas trop tôt ! Je croyais que tu n'écrivais plus... Je serai à Paris le 22 au matin mardi, et j'ai si envie de t'embrasser que je viendrai de suite chez toi, après avoir voyagé la nuit.

« Il paraît que tu aurais mieux fait de ne pas jouer à Bade. Une jolie perle comme toi ne doit pas aller au tapis vert, tu as un autre tapis où tu es sûre de gagner. Enfin je trouve le temps long et me réjouis beaucoup de te voir... Il paraît que je resterai toujours plus jeune que mon âge, oui, mais seulement quand je pense à certaine perle bouclée qui a beaucoup de charmes. »

17 février 1872.

« Je t'envoie les petites boucles en diamant que tu désires, et c'est du désintéressement chez moi de t'aider à te faire belle sans en profiter. J'aurais préféré te les remettre, mais puisque tu les désires, je te les envoie par la poste.

» As-tu été naturellement voir la pièce de M. Sardou qui fait tant de bruit : *Rabagas?* Est-ce joli? »

Rome, 25 mars 1872.

« Je ne puis faire d'ici ce que tu désires, tu dois le comprendre, malgré tout mon désir, ma belle et adorée P. Ne pleure pas : il faut une grande patience; mais l'avenir s'arrangera. En tout cas, il ne faut pas désespérer!

» Ici je ne sais pas combien je resterai. Il y a beaucoup de monde; il est très difficile de se loger; ce n'est pas commode, et tu t'y ennuierais bien vite. Mes seules distractions sont les grands souvenirs et les monuments de cette ville quand j'en ai le temps. »

27 août 1872.

« Comment! avec une si belle mer à traverser, tu as été malade! Quant à moi, le bon baiser que tu m'as donné sur le bateau m'a porté bonheur, et je suis très bien arrivé à Ostende...

» Je vois avec peine tes embarras constants, tu trouves que je n'ai pas été assez aimable et généreux! »

4 septembre 1872.

« Ta petite lettre m'a fait plaisir. Tu es en fêtes, courses, etc.... Quant à moi, je vis comme un sauvage dans les montagnes. J'avoue que je pense souvent à tout ce que j'aime embrasser... Oui, tu sais que ta force est dans ma faiblesse vis-à-vis de toi. Écris-moi encore ce que tu deviens. »

Mars 1873.

« Le souvenir est charmant et m'a fait

grande joie : viens le voir souvent, pour t'assurer où il est. Sais-tu que tu écris des mots charmants? J'aurais voulu te dire tout cela, t'embrasser!

» Ta lettre n'est toujours pas retrouvée. Il est vrai que celles de l'avenir me préoccupent encore plus que celles du passé. Souvent le temps est long, ma belle perle bouclée, quand te verrai-je? Tu sais ce qui t'attend quand tu viendras. Tout dépend de toi. »

11 juillet 1873.

« Enfin, ma belle Pearl, j'ai eu de tes nouvelles. Je ne t'ai pas répondu de suite, ne pensant pas que ton retour pût être fixé à jour fixe. De Paris, où j'ai passé trois semaines, et où je suis libre d'aller enfin, je ne t'ai pas écrit, ne sachant pas où tu étais. Je suis charmé que ton voyage t'ait amusée; j'espère qu'il t'aura été *profitable* à tous les points de vue. Que comptes-tu faire? rentrer à Paris? A Maisons? Ou voyager encore? Peut-être mes affaires me forceront à faire une course en France bientôt. Écris-moi donc *où* tu seras? Malgré certaine satisfaction, j'ai encore souvent de *bien grands ennuis*. Je ne t'écris pas de détails, les lettres étant très probablement ouvertes, et je veux éviter les cancans et bavardages. »

Nyon, 14 août.

« Si tu t'ennuies, je puis t'en offrir autant, je n'ai que des affaires pour me distraire, et elles ne vont jamais comme je le voudrais! Cependant, j'entrevois que je serai plus libre et que j'aurai le *nerf* de la liberté, ce que tu appelles avec tant d'accent, quand tu es en colère, le maudit *arrrgent!* »

Septembre 1873.

« Arrivé depuis quatre jours, je me suis ennuyé, j'ai passé par la colère et un grand mécontentement de ton absence et de *ton silence*. J'allais repartir... Vilaine Perle que j'aime beaucoup : je flaire bien des mensonges. Pourquoi? avec moi?... Je ne suis plus un enfant : nous sommes réciproquement bien libres. »

5 septembre 1873.

« Merci des photographies. Elles m'ont fait

grand plaisir, et j'ai regardé ta jolie frimousse. Celle en robe blanche surtout est charmante. Elles sont arrivées dans un bon moment, je suis d'une humeur de chien, ayant encore attrapé des fièvres en Corse. Je me soigne et espère qu'elles vont disparaître grâce au bon air. Au fond, j'ai grande envie de faire une course à Paris. Je te félicite de voir le brave S... C'est un des amis que j'aime le mieux, et que je vois avec le plus de plaisir ! Aussi, si je viens, on dînera et jouera au billard. A propos ! Où as-tu mis le billard ? Au rez-de-chaussée, je suppose ? Je t'embrasse fort. Ne dis à personne que tu as de mes nouvelles, je t'en prie. »

Dieppe, 1873.

« J'ai changé un peu mes projets. Il était difficile de rester à l'île de Wight pendant la grande revue : mon yacht attirait trop l'attention. Je me suis décidé à venir ici, où je te propose de venir passer deux ou trois jours. Les environs sont jolis : il n'y a pas encore beaucoup de monde, et j'espère *qu'avec de la prudence*, nous ne serons pas trop gênés. Il ne faut que quatre heures de Paris à Dieppe. Je te propose de partir demain dimanche à une heure ; tu arriveras à quatre heures cinquante minutes. Les hôtels sont l'hôtel Royal ou l'hôtel Bristol. Pour ne pas attirer l'attention donne le nom de mesdemoiselles P. Vous passerez pour des sœurs. Si tu arrives demain, je pourrai passer la soirée avec toi, quant à la nuit, il faudra prendre des arrangements. »

4 août 1874.

« J'avoue ma chère P. que ta lettre de mardi m'a fait de la peine et beaucoup vraiment. J'espère que tu reconnaîtras toi-même combien ce que tu m'écris est injuste. Réfléchis : tu connais la vie. Eh bien, as-tu trouvé beaucoup d'hommes aussi empressés que moi à t'être utiles et agréables? Je ne parle pas seulement quand j'étais riche et puissant, mais depuis quelques mois même, que le sort ne me gâte pas! Et toi?... Qu'as-tu fait à L... Mais ne parlons pas de choses désagréables encore pires écrites que dites, parce que ces coquines de mauvaises lettres vous laissent des journées sous de tristes impressions, tandis que près de toi un bon baiser peut tout guérir ! »

Londres, 1874.

« Je suis au milieu d'affaires, que je ne débrouille pas encore : il me faut quelques jours pour me retourner et asseoir mes projets. Si tu viens, une installation dans une maison particulière, dans un bon quartier, où tu seras nourrie, est certes ce qu'il y a de mieux. Nous verrons quand il faudra faire ce petit voyage qui me rendrait bien heureux. Ce Londres est affreusement ennuyeux. Je regrette presque mes montagnes. Je me dépêche tant que je puis pour avoir un peu de liberté, me débarrasser de bien des ennuis et... *le nerf* de la guerre et même de la paix, tu sais ce que c'est ?...

» Tu es toujours jolie, n'est-ce pas ? Ne bois pas trop de bouillon, cela fait engraisser, et ta jolie taille en souffrirait. »

2 septembre 1874.

« Comment, ma chère P. une lettre de to

que l'on me renvoie de Paris! Je croyais que tu m'avais tout à fait oublié, et je t'avouerai que j'étais peu satisfait du paquet que M. X... m'a apporté. Quand je faisais beaucoup pour t'être agréable, me dire et m'écrire que c'était *tout*, c'était se moquer de moi. Il était plus simple de dire que tu voulais garder le paquet que de m'écrire que tu les avais *brûlées* et me blaguer. J'ai cependant toujours grand plaisir à me souvenir de toi. »

1874.

« En face du devoir il n'y a pas à hésiter! Je me décide contre toi, contre moi, pour ce qui est nécessaire. Mes motifs, tu les comprends. J'ai une vie de travail, qui ne doit pas dégénérer par la dissipation, ni se laisser dominer par le plaisir. Tu as toujours été charmante, et tu me plais beaucoup, mais avec le temps tu sentiras que je ne puis agir autrement. Je t'envoie un dernier cadeau, qui pourra t'être utile. Je ne te verrai pas de quelques jours, mais plus tard, je te serrerai la main et t'embrasserai avec grande joie si tu veux, ma chère Cora. »

XXII

UN CHASSÉ-CROISÉ DE DUCS
LE DUC JEAN ET LE DUC D'HACOTÉ
AFFRANCHISSEMENT INSUFFISANT : CONSÉQUENCES
ADALBERT INTERVIENT

XXII

UN CHASSÉ-CROISÉ DE DUCS. — LE DUC JEAN ET LE DUC D'HACOTÉ. — AFFRANCHISSEMENT INSUFFISANT : CONSÉQUENCES. — ADALBERT INTERVIENT.

Je n'étais plus avec le duc depuis 1874. Je m'étais rendue au Cirque d'Hiver avec la Blandin pour applaudir Zoé Dupont, qu'on avait surnommée *la Grande Latte*. Je dois dire qu'elle manqua complètement ses exercices ce soir-là, et que je m'ennuyai presque aussi fort que j'avais applaudi. Ce n'était pas peu !

En sortant du Cirque, je vois le secrétaire du duc. Il me dit :

— Je me promène.

Il n'y avait pas de mal à ça, sans doute : un

secrétaire a bien le droit de se promener comme un autre homme, fût-ce au besoin dans une armoire. Toutefois, je pensai en moi-même :

— Il m'espionne !

La Blandin s'associait à ma réflexion tacite. Elle me dit à mi-voix :

— Il vous surveille.

Je montai en voiture : et le secrétaire continua de faire les cent pas sur la place.

Aussitôt rentrée, j'écrivis, tout à la hâte, un mot à Zoé, la priant de me dire « si le duc assistait la veille à la représentation. Cela m'intéressait. »

Le lendemain, mon intime accourt chez moi comme une furie.

— Qu'est-ce que ça signifie ? m'écrire, à moi ? Avoir le front de me demander que je la renseigne ? Moi ?... Ah ! mais non !... Ah ! mais non !... Ça ne se passera pas comme ça !

Je ferme ma porte à clé, en entendant ces cris. Je la laisse pérorer à son aise.

— Parlez-moi de ça ! A la bonne heure ! Voilà les amies ! Au moins, celle-là, elle est franche ! Elle n'y va pas par quatre chemins. Elle vous prie de lever la jambe pour vous couper l'herbe sous les pieds ! Faut-il que je dise au duc bien des choses de ta part ? Tiens ! C'est une idée !

Tout cela dans l'escalier.

Zoé partit, donnant un coup de porte à ébranler la maison. La concierge, qui n'était chez moi que depuis huit jours, la prit pour une folle. Je lui dis que c'était une écuyère, mais elle était trop troublée pour saisir la différence.

Que fait ma bonne petite Zoé ? Elle met le mot que je lui avais écrit, dans une lettre qu'elle envoie au duc d'Hacôté. La lettre arrive à la garnison du duc. On la refuse, faute d'affranchissement. Pourtant, si l'on n'admet là que les lettres timbrées, il me semble que celle-là... Mais je n'ai pas la parole : je n'ai jamais économisé un sou.

« Conformément à la loi », comme le mentionne, dans les cas analogues à celui-ci, l'imprimé de l'enveloppe postale, le pli est ouvert ; et comme mon nom et mon adresse sont les seuls indiqués dans la missive, la lettre revient à mon domicile, accompagnée de la gracieuse apostille de mon intime. Je fais publier ladite lettre ainsi que son commentaire dans un journal, par Delaroute. Le public n'avait pas moins droit que moi-même à savourer l'atticisme épistolaire de *la Grande Latte*.

Amère parfois, je n'ai jamais été égoïste.

Nouvelle irruption chez moi de la fulminante écuyère. Nouvelle interdiction de ma porte. Nouvel ébahissement de ma concierge, tintamarre épouvantable, monologue et imprécations, mais plus dans l'escalier, cette fois ; dans mon antichambre. Autant de conquis pour cette pauvre Zoé.

J'avais grande envie de charger la police du soin de mon repos et de la défense de ma porte. Toujours bonne, la police prit les devants. Je fus mandée à la Préfecture.

Zoé Dupont, qui narrait fort agréablement, avait tout raconté à son duc, qui n'avait pas l'avantage d'être en communion d'idées avec le mien. Petites divergences politiques...

D'Hacôté était au mieux avec Adalbert. Adalbert ne pouvait, en bonne politique, refuser de rendre les choses bien criminelles. Je suis allée deux fois à la Préfecture ; la première, dans mon coupé ; la seconde, dans un fiacre, dont le gouvernement m'a fait les honneurs.

En présence du représentant de l'ordre d'alors, j'exhibe l'enveloppe, objet du litige. Il avoue ne plus rien comprendre; mais son devoir est de sévir : il ne faillira pas à son devoir. Je le prie par ses yeux si expressifs, par son front si pur, par sa fiancée si belle ! Je le sens ébranlé : j'insiste. Mais il veut me faire payer cher sa faiblesse et ma victoire. Il me secoue au point que j'en sanglote. Enfin, il brûle tout le paquet, et me laisse partir tranquille.

Et tout ça, parce que j'étais allée bâiller au Cirque ! — Histoire de parapluies changés au vestiaire ! Zoé croyait que je parlais de *son* duc, quand je ne m'occupais que du *mien*.

XXIII

UN VRAI COMTE ARABE : KHADIL-BEY
SA MAGNIFICENCE, SA DÉLICATESSE
GRAND DINER : BARRU DEMANDE DU VINAIGRE
RÉSÉDA CHANTE
UNE ÉTOILE DE DIAMANT — T'EN N'AURAS PAS L'ÉTRENNE

XXIII

UN VRAI COMTE ARABE : KHADIL-BEY. — SA MAGNIFICENCE, SA DÉLICATESSE. GRAND DINER : BARRU DEMANDE DU VINAIGRE. — RÉSÉDA CHANTE. — UNE ÉTOILE DE DIAMANT. — T'EN N'AURAS PAS L'ÉTRENNE !

Un des hommes les plus extraordinaires à mon avis, fut le vieux Khadil-bey. Il m'apparaissait comme un personnage des *Mille et une Nuits*. Son hôtel était splendide. Toutes les merveilles de l'Orient s'y rencontraient. Une serre féerique, des appartements enchantés. Il recevait, au printemps dans son salon ; l'hiver dans son jardin. Pas un objet chez lui qui ne réveillât un souvenir, pas un meuble qui n'eût une histoire ou ne fût une curiosité.

De tout l'hôtel le maître était bien la plus saisissante : mais il était une curiosité qui charme et qu'on aime. Majestueux dans toute sa personne, sa majesté n'excluait ni la grâce ni l'enjouement. Il aimait en artiste et traitait en grand seigneur. Il avait le culte du beau sous toutes les formes, lui-même était un type de beauté, de bonté plus encore.

Rien d'étonnant que, plus que septuagénaire, il ait inspiré de grandes passions. Il était de ces hommes, — et ils sont rares, — qui se seraient crus déshonorés s'ils avaient, je ne dis pas laissé paraître, mais conçu le moindre mépris pour la femme qu'ils avaient accueillie dans leur demeure, et dont ils avaient tendrement et magnifiquement remercié le sourire.

Certes, si quelqu'un faisait grand, c'était lui. Il exerçait l'hospitalité comme devaient faire les vieux patriarches. La reine de Saba aurait trouvé dans sa maison, non moins somptueuse que celle du divin Soliman, son lit et son couvert. Ce qui dominait surtout dans cet Oriental, si parisien pourtant, c'était, je le répète, la bonté. S'il était fastueux, il était plus généreux encore. S'il avait la chance de posséder, faire plaisir aux autres était toute son étude. D'ailleurs il était si riche, qu'il pouvait rendre heureux ses amis sans s'appauvrir pour cela lui-même. Je ne sais s'il avait assuré son hôtel : c'est probable. Dans tous les cas la Compagnie, signataire du traité, devait brûler des cierges autour de l'immeuble, tout en prenant bien garde aux flammèches.

Je me suis baignée dans cette vasque de marbre rose, j'ai dormi de longues heures sur ces divans, respirant le parfum des fleurs, et rêvant de demeures enchantées ; et quand je me réveillais, la réalité m'apparaissait plus belle que le rêve.

Un soir, avant de prendre le thé, le domestique prie les dames d'attendre quelques moments. Khadil-bey sommeillait. J'avise sur une table une boîte de jouets. Il n'y avait pas, que je sache, indiscrétion à l'ouvrir, et j'ai toujours aimé à chercher la petite bête : cette curiosité m'en a fait souvent trouver de bien grosses. La boîte renfermait toute espèce de jeux. Quilles, volants, dominos, raquettes. J'avais, depuis un temps immémorial, une furieuse envie de jouer aux quilles. Sans plus de façon, je m'installe par terre et je joue. Je me livrais depuis quelques instants à cet exercice, et, je l'avoue, avec assez d'ardeur, lorsque Khadil entre et reçoit, juste au milieu des jambes, la boule assez vigoureusement lancée. Très contrariée de ma maladresse, je ramasse bien vite les quilles et les remets en place.

— Emportez cette boîte, dit-il à un domestique. Ce fut toute sa vengeance.

On prend le thé, on cause.

Quand je rentre chez moi, le premier objet qui frappe ma vue, c'est la boîte. Toute sculptée en ivoire. Valeur 4,800 francs. Khadil l'avait fait porter chez moi durant la soirée. Cela ne rappelle-t-il pas les royales munificences de Dagobert? Je n'aurais pas osé lui dire pourtant que sa boîte m'avait donné dans l'œil.

Khadil-bey donnait de grands dîners, surtout aux membres du Jockey, au temps de Barru. Dans un de ces repas magiques, servis avec un goût et un luxe sans égal, Barru demande du vinaigre. Le domestique apporte un litre, et le place sur la table. Rire général. Fureur concentrée de l'homme d'État. Un service d'argenterie énorme, et un litre!!...

Le même soir Réséda vint chanter LA FEMME A BARBE, et T'EN AURAS PAS L'ÉTRENNE Elle fut très applaudie. En France on est toujours galant. Quand elle eut terminé, Barru lui offrit son bras, et parcourut avec elle les salons.

Arrivée devant moi, elle s'arrête.

— Oh! les beaux diamants! dit-elle.

Je détache une de mes étoiles, et la mets sur sa robe.

Barru murmure : « Souvenir de madame trois étoiles. » J'en avais davantage, mais, pour son mot, trois faisaient l'affaire.

Barru raconta la chose à Khadil-bey qui, dès le lendemain, envoya à la chanteuse des boucles d'oreilles en diamant. Réséda demanda si c'était tout ? »

A question, réponse. Le soir même, l'artiste reçut vingt-cinq louis, prix ordinaire d'un cachet à domicile, plus un petit cadeau, avec prière de rendre les brillants de dix mille francs, qui lui avaient été adressés par erreur. Il fallut bien s'exécuter : on le fit sans ostentation comme sans enthousiasme. Mais jamais depuis on n'entendit la diva chanter chez le nabab : « T'EN N'AURAS PAS L'ÉTRENNE. »

XXIV

DUMONT-BARBEROUSSE
UNE POCHADE A LA PORTE-SAINT-MARTIN, PERSONNAGES :
BARBEROUSSE, SCHALDER, LE COLONEL

XXIV

DUMONT-BARBEROUSSE — UNE POCHADE A LA PORTE-SAINT-MARTIN, PERSONNAGES : BARBEROUSSE, SCHALDER, LE COLONEL

Ma liaison avec Dumont-Barberousse n'eut rien de bien extraordinaire au début. J'eus à me louer plus tard, et en maintes circontances, de sa générosité.

Je lui ai bien des fois rappelé la singulière anecdote de la Porte-Saint-Martin, et nous en avons fait souvent des gorges chaudes. Voici l'aventure.

Il se trouvait un soir au théâtre, dans une loge, avec Hermance Schalder. J'assistais aussi à la représentation, dans une simple stalle de première galerie. Près de moi, un vieux monsieur décoré, grosses moustaches, triple menton. Il avait dormi tout le temps, et s'était même donné le luxe de ronfler. C'était durant l'entr'acte. Une cause quelconque le réveille. Je l'entends grommeler.

— Sac... bon sens ! — et ses yeux se fixent sur la loge où se tenait Dumont. Puis, il se tourne de mon côté et me dit :

— Connaissez-vous cette particulière ?

Je garde, autant que je le puis, mon sérieux, et lui réponds que c'est Schalder.

— Schalder ? La femme du député ? Belle paroissienne ! puissantes machines ! garçon intelligent ! très intelligent !

Je cherche à lui faire comprendre que Schalder est une artiste, et qu'elle n'a de commun que le nom avec le grand industriel, dont il me parle.

— Ah ! fait-il, en roulant terriblement les yeux. Et le particulier ?...

— C'est le comte Dumont-Barberousse.

— Eh bien ! merci ! reprend mon grognard, pas gêné, le Barberousse, pas gêné ! Il l'embrasse comme du pain.

— Pas possible !

Le vieux dodeline de la tête et se rendort pour quelques minutes.

Un instant après, grands éclats de rire dans la salle.

Second réveil du vieux. Cette fois j'avais vu, moi aussi, et je riais comme tout le monde.

— Parie qu'il est venu à la rescousse !

Et cela dit si fort que tout le monde se tourne de notre côté.

Nullement intimidé devant les lorgnettes braquées sur lui, le bonhomme se met à crier, comme s'il commandait la charge :

— Bravo ! les enfants ! — Ne vous gênez pas !

J'ai su depuis que l'auteur de cette apostrophe était un vieux colonel en retraite.

Il a trouvé là son jour de gloire... et Dumont-Barberousse celui d'une fière retraite.

— A la porte, Barberousse ! A la porte Schalder ! Qu'il aille la becqueter dehors ! — Qu'il prenne un fiacre ! A la porte ! à la porte !

Dumont tint bon quelque temps, mais il fallut céder. Il sortit en saluant dans la salle, et au milieu d'un tintamarre devenu légendaire à la Porte-Saint-Martin!

XXV

COMMENT SE DÉCIDE UNE EXCURSION... EN SUÈDE
CALVAT RENÉ ET GUSTAVE WASA
UNE POINTE EN NORWÈGE
UN MINISTRE ANGLICAN VIENT DEMANDER MA MAIN

XXV

COMMENT SE DÉCIDE UNE EXCURSION... EN SUÈDE. CALVAT RENÉ ET GUSTAVE WASA. — UNE POINTE EN NORWÈGE. — UN MINISTRE ANGLICAN VIENT DEMANDER MA MAIN.

Je n'ai pas beaucoup voyagé, en somme. Le plus loin que je suis allée est en Suède avec René Calvat. La chose fut décidée à l'improviste.

C'était au commencement du printemps : nous avions pris rendez-vous à la Maison Dorée. René se trouvait être en retard. Tout en l'attendant, je me mis à parcourir les journaux illustrés. Mes yeux se fixèrent sur un paysage représentant une petite maison basse, située près d'un marais. Je ne sais pourquoi j'aurais aimé demeurer un jour dans cette bicoque : je dis un jour, pas davantage. On était en mai, et, par une rare exception, il faisait une chaleur épouvantable. J'enviais le sort de trois bonshommes représentés sur la gravure, et qui faisaient paître des moutons, tout en soufflant dans leurs mains.

— Savez-vous ce que nous devrions faire? dis-je à Calvat, quand il entra dans le cabinet.

— Déjeuner, sans doute? me répondit-il.

— Bah! cela se fait tous les jours. Autre chose.

— Alors un extra...

— Extravagance, si vous voulez.

— Je ferai tout ce qu'il vous plaira.

— Eh bien, un petit voyage!

— Va pour un petit voyage! mais où?

— Ah! voilà! c'est un caprice. Vous trouverez peut-être que c'est un peu loin.

— Dites toujours.

— Non, devinez.

— Vous voulez aller à Nice?

— Oh ! pour ça non ! Dans cette saison il y a des fleurs partout.

— A Bade ?

— J'en suis saturée.

— A Vichy ?

— J'en arrive. Tenez ! Regardez ce journal.

— « Bureau de rédaction rue Lafayette », l'omnibus peut, au besoin, nous y conduire.

— Comment trouvez-vous ce paysage ?

— En Suède ! ah ! J'y suis !... — Mais c'est que nous n'y sommes pas. — Enfin si ça peut vous faire plaisir ?...

— Beaucoup.

— Eh bien, partons !

— Partons !

— Mais d'abord déjeunons.

Nous partîmes quatre jours après.

Le voyage agréait d'autant plus à René, qu'il y avait, disait-il, dans le pays de Bernadotte, des documents très utiles à consulter sur le régime parlementaire en Suède. La politique a toujours été le faible de cet excellent homme.

« Restait pourtant à savoir si les bibliothèques?... »

— J'espère, lui dis-je, que pour les quinze jours que nous resterons là-bas vous respecterez la noble poussière des bouquins...

Il me promit de ne consulter d'autre livre que mon désir et le guide du voyageur.

— Ah! quel homme! s'écriait-il à peine arrivé, quel homme que ce Gustave! Ah! si j'avais été à la place de Gustave!

Il s'agissait de Gustave Wasa.

Je priai René de réserver son enthousiasme pour les heures plus solitaires du retour.

— J'allais vous le demander! me répondit-il avec son bon sourire.

En Norwège, où nous passâmes ensuite, Calvat fit la rencontre de toute une volée d'amis. En a-t-il dit de ces : « Comment ça vous va? » qui lui étaient familiers!

Un jour, j'étais seule à l'hôtel. René s'était rendu au consulat pour savoir si une lettre qu'il attendait était arrivée. Le garçon frappe à la porte de ma chambre. Un voyageur désirait me parler.

C'était un grand blond, tirant un peu sur le gris avec des cheveux filasse qui tombaient jusqu'à la nuque. Il me dit avec le plus grand calme que son désir était de se marier, que l'occasion ne lui avait pas manqué, mais qu'il n'avait pas encore donné suite à ses projets, par scrupule religieux. Il avait le bonheur d'être anglican et ne pouvait se faire à la pensée de s'allier avec une luthérienne.

Je lui témoignai mon regret d'être si peu versée dans la matière théologique, et lui dis de s'adresser de préférence à M. René Calvat qui lui donnerait peut-être des explications plus satisfaisantes.

— Oh ! mademoiselle ! me dit-il, j'aime mieux, à tous égards, tenir de vous mes renseignements ! Ce n'est pas que je professe la plus sincère estime pour M. votre père, aux sermons duquel je dois en grande partie ma vocation ecclésiastique, mais, sur cette question de pure conscience, je tiens essentiellement à connaître votre manière de voir.

Malgré moi je me mis à rire.

— Eh bien, poursuivit l'homme blond toujours très respectueux, si j'obtenais de vous, ne fût-ce qu'un encouragement, peut-être renoncerais-je à ce que d'aucuns appellent, bien à tort sans doute, une antipathie de clocher. Plaidez ma cause auprès du vénéré pasteur. Je connais son libéralisme, et vous confie le soin de mon repos et de mon bonheur.

Cela dit, il me fit un grand salut, et se retira. Je demandai au maître d'hôtel quel était ce fou ? C'était, paraît-il, un ministre en voyage, un missionnaire des environs, pour le moment en villégiature à Stockholm. C'était la première fois qu'on prenait René Calvat pour un ministre.

Nous avons beaucoup ri du quiproquo. Nous passâmes quinze jours fort agréables. René fut prodigue pour moi d'amabilité, de largesses : partout il faisait tuer le veau gras.

XXVI

LAMENTATIONS

XXVI

LAMENTATIONS.

M. de Cathoyx était un cœur généralement incompris. Il tremblait toujours, quand il donnait la main. S'il eût parlé par gestes, il eût terriblement bredouillé. Il était alors amoureux, amoureux en passant, de la Sarbenard. Il venait me voir avec Lassema qui trouvait, lui aussi, je ne sais plus trop pourquoi, matière à gémir.

Les infidélités se paient.

C'était un concert de pleurs : la maison menaçait de tourner au Jérémie. Un jour Lassema exhalait plus que jamais ses plaintes. Catoyx, un ami, — on en trouve un peu partout, dans ces occasions-là — lui dit en s'en allant, de la porte :

— Vous souffrez? soignez-vous ! Ricordati!...

XXVII

LE BARON DE BURNEL ET M. DE DAUBAN
M DE DAUBAN A MAZAS. — PROJETS INDUSTRIELS
OBSESSION. — GARE LA CASSE !
AFFAIRE DUVAL

XXVII

LE BARON DE BURNEL ET M. DE DAUBAN. — M. DE DAUBAN A MAZAS. — PROJETS INDUSTRIELS, — OBSESSION. — GARE LA CASSE ! — AFFAIRE DUVAL.

C'est au Bois que j'ai vu le baron de Burnel pour la première fois. Toujours sans le sou, mais ayant hérité de feu son père d'une certaine disposition aux grandes entreprises commerciales, il cherchait en ce moment une affaire. La famille, après la mort du père, avait été divisée par des questions d'intérêt et de sentiments.

Un nommé M. de Dauban, qui avait été mêlé à une exploitation du feu baron, s'était naturellement trouvé engagé dans les intérêts de la veuve, et livré, soit dans la maison même, soit dans d'autres tripotages, à des spéculations financières d'assez mauvaise odeur.

La baronne avait, paraît-il, des trésors d'indulgence pour l'ancien employé de son mari : elle avait fermé les yeux sur les agissements plus ou moins délicats d'un vieil ami. Le baron-fils n'avait pas entendu de cette oreille. On a beau ne pas être administrateur, on est propriétaire, de fait ou d'espérance, et l'on sent d'instinct où le bât vous blesse.

De Burnel n'eut rien de plus pressé que d'aller dénoncer M. de Dauban au Procureur de la République. Le digne homme fut mis à Mazas. Ce n'était pas, à ce qu'on dit, la première fois qu'il allait en prison. Mais l'affaire qui, dans le temps, lui avait facilité l'entrée de ces lieux de refuge, n'avait pas eu la gravité de celle qui, de nouveau, le ramenait à son bercail : ce n'avait été qu'une misère, un simple lever de rideau.

Naturellement, M. de Dauban ne portait pas dans son cœur le baron de Burnel.

Je reçus de lui une lettre dans laquelle il accusait de Burnel de beaucoup de vilaines choses et m'avertissait — par bonté d'âme — de ne pas être la dupe de ce jeune homme.

Jolie situation en somme : Burnel dénonçant Dauban, Dauban souffrant persécution, — mais rudement pour la justice, — la baronne donnant pour la victime de son propre tripotage un cautionnement de deux cent mille! Grimace du jeune gentilhomme, brouille facile à comprendre avec la mère.

Le baron se consolait donc, errant mélancolique au Bois. Son cerveau était une véritable chaudière, où crépitaient des projets contraires. Sur la question du sentiment, il avait la réputation d'être blindé.

On m'avait dit qu'on ne le tenait pas, et j'ai voulu le tenir.

Le tenir oui; mais c'est le retenir, que je n'aurais pas voulu. Que retenir et tenir fassent toujours deux!... Il paraît que le cher baron n'avait pas sur notre liaison, par moi victorieusement contractée, les mêmes sentiments. Il était de ces résolus malencontreux qui disent et pensent : « J'y suis, j'y reste. »

Il venait chez moi, s'installait des journées

entières, escomptant d'avance les profits d'entreprises au moins problématiques, dégoisant sur madame la baronne, cassant du sucre sur la tête de Dauban. Oh! ce qu'il m'ennuyait!... mais il ne semblait pas du tout s'en apercevoir. L'idée me vint de l'expédier en Espagne pour des affaires de mines... je ne me rappelle plus. De Burnel ne voulait pas quitter Paris : il céda pourtant à d'amoureuses instances et partit avec un grand soupir. — J'en poussai quatre, quand je le sentis dehors!...

Mais hélas! mon bonheur ne devait pas être de longue durée! L'entreprise avait été vue d'un mauvais œil par les habitants du pays. Les uns prétendirent qu'il tenait de la France une mission secrète, d'autres qu'il s'était vendu pieds et poings liés à un gouvernement étranger, mais je n'ai jamais pu savoir ce qu'il avait pu faire de sottises ou d'imprudences pour donner corps à de semblables suppositions.

Aussi, deux mois après, de Burnel, était-il de retour, pestant contre le consul et les syndics, la baronne, sa mère, et le gentilhomme, son beau-père (car il y avait eu mariage); et ne daignant me pardonner qu'à des conditions pour moi tout à fait désagréables, mais de lui impérieusement exigées, le fatal conseil que je lui avais donné.

Je le priai de réserver pour sa famille l'acrimonie de ses doléances et surtout l'impétuosité de ses manières. Mais il ne voulait rien entendre : il me pressait, il m'excédait.

Un matin, j'étais à ma toilette. Il entre. Je le renvoie.

— Alors, c'est bien fini? adieu!

Il dit qu'il va se détruire, se précipite furieux du côté de la porte, et renverse dans l'antichambre un service de Saxe qui se brise avec fracas, et dont un éclat lui fait à la main et à la poitrine une assez grave blessure.

Je ne regrettai pas mon beau service que je tenais de Lassema. Le débarras compensait trop avantageusement la casse. J'ai su depuis que la baronne, à la vue de l'accident arrivé à son fils, s'était jetée dans ses bras, et lui avait, en considération de la coupure, pardonné ses erreurs à l'égard de M. de Dauban. Une fois raccommodé avec sa mère, le jeune baron s'empressa de filer en Cochinchine où il a dû vivre en paix, je l'espère pour lui...

Je joins, à titre d'échantillons, quelques-unes des lettres que m'adressait l'excellent jeune homme. Et j'en respecte l'orthographe.

« Non, jamais je n'ai souffert autant que ce soir ! Non, jamais ! J'ai la mor dans l'âme ! Je me meure d'ennui, et toi, ange de ma vie, pense-tu un peu à moi ? Je t'en conjure à genoux : ne m'oublies pas. Il faut que je sente ma présence plus qu'utile pour ne pas m'élancé vers Paris, où est ma perle chéri. Je sens que je ne vivrai pas sans toi ; aussi fait-je mon possible pour arriver à mon but.

» Permet-moi, mon ange chérie, de te comuniquer une dépêche que je viens de recevoir à l'instant. Je suis on ne peu plus intriguer. Voici la dépêche :

« — Passez à la maison avant d'aller rue de Chaillot. Affaire importante : et surtout n'envoyez pas d'argent. »

» Pas de signatures, rien. Je ne sais d'ou cela peut me venir.

» A. DE BURNEL. »

« Je dine avec V. et son fils à l'hôtel, puis nous irons voir une férie à Covent-Garden (Babil and Bijoux). Comme je vais penser à toi. Il me semblera te voir dans ton avant-scène du Gymnase, les lorgnettes braquer sur ta jolie tête.

» A. DE BURNEL. »

« Que vœus-tu? Je trouve que je ne t'écris pas assez. Je viens de terminé ma première lettre, dans laquelle je te parle de mes affaire, mais je suis si heureux de pouvoir t'écrire et te répété que ton Auguste t'aime et te chérie, et qu'il ne reviendra pas les mains vide. Penses que je t'adore à la folie. Mon cœur souffre bien ce soir. Allons, à bientôt. Nous aurons bien mérité d'être heureux. Soie bien sage.

» A. DE BURNEL. »

« Je souffre tant de notre séparation! qui

n'est heureusement que provisoire, et je me fait tant de mauvais sang ici. Mais tout cela ne sera rien, lorsque j'aurai touché cet argent pour te le donné et que tu sois heureuse.

» Mon Dieu ! qu'au milieu de tous ses ennuis les carresses de tes blanches mains me manquent! Ton pauvre orphelin, qui t'aime.

» Tous les soirs, je m'endor en t'envoyant un baiser. Mon Dieu! que ma famille me pèse !

» A. DE BURNEL. »

« Tu me dis être mal portente, mon ange chérie, pourquoi ne sui-je pas auprès de toi, pour te donner mes soins; mais tu sait que je suis forcé de resté ici : il faut en finir une bonne foi. Mon Dieu ! que je vais avoir besoin de repos, car je me mine ici.

» Mon cœur bondissait de joie de repartir ce soir. J'avais même retenu une cabine sur le bâtau. Enfin, puisque j'ai tant souffert encore vingt-quatres heures et je retourne vers toi.

» A. DE BURNEL. »

« Ce n'est pas possible que tu sois heureuse de me voir souffrire de la sorte. Je t'en conjure, écris-moi un petit mot par lequel tu permettes à ton pauvre Auguste de venir embrasser tes mains, et il repartira.

» J'attendrais et ne me représanterais chez toi qu'étant autoriser. Pardon pour lundi soir. Je souffre tant !

« Et notre portrait ?... J'ai passé à six heures et demi dans la rue qui donne derrière ta maison, pour tâcher d'appercevoir ton ombre chéri dans ton cabinet. J'ai vainement attendu sous la pluie.

» A. DE BURNEL. »

« N'osant aller moi-même chez toi, et n'osant confier à personne ce que j'ai à te remettre, je vais à la poste en ce moment pour faire chargé ma lettre.

» Je sens bien que la vie que tu menait pour moi n'était que de sacrifice. Je t'en remercie milles fois, et je pense d'ici peut t'en prouver ma reconaissance.

» Tu n'a été que charmante pour moi et je

sens combien je pert en me séparant de toi. Hélas ! j'espère que tu reviendra de toutes ces calomnis à mon sujet. Tout cela, jalousie de femmes !

» A. DE BURNEL. »

« Mon ange chérie,

» Combien ta lettre m'a mis de beaume au cœur ! Oui, ton Auguste s'ennuit loin de toi. Est-ce possible autrement? N'as-tu pas toujours été d'une bonté pour moi toute particulière : jointe à cette bonté une certaine affection que je n'ose définir. Je suis si fier de pensé : que je puis être aimé de toi !

» Je lit sans cesse ta lettre dans laquelle tu me dit : « Je t'embrasse de tout mon cœur. » Ah ! cela me fait de bien !

» Tu ne saurais croir combien je souffre de ne pas être compris de toi. Je te dis toujours la même chose : mais cela me soulage. Ne suis-je pas seul au monde? Plus de famille !

» A. DE BURNEL. »

« Pearl chérie,

» Pourquoi ne vœus-tu pas me recevoir, même comme ami? Qu'ai-je donc fait pour t'inspiré tant de dégout? Tu m'en vœus parce que je ne vœus pas te partager, mais tu ne sait donc pas combien j'aie d'amour pour toi et que je te vœus à moi seul? Aussi je vais travaillé pour cela, et je t'aime tant que j'y arriverais et d'ici peut. Et tout ce que j'aurais sera pour toi, que tu veuille me voir oui ou non.

» A. DE BURNEL. »

« Ma Pearl chérie,

» Je souffre horriblement, mais je ne puis te partagé : je te vœus à moi tout seul. Je sens que tu ne m'aime plus. J'ai un mortel chagrrin. Lorsque ta haine pour moi sera un peu apaisée, *écris-moi* : je serai toujours trop heureux, dans n'importe quel circonstance, d'aller passé un moment auprès de toi. J'attend une réponse de toi qui décidera de mon sord.

» Je vais m'engager pour te débarrasser de moi.

» A. DE BURNEL. »

« Ma Pearl,

» Je meurs en te pardonnant. Mais je t'aimais tant que la douleur l'a emportée. Je souffre trop. Je t'adore à la folie, et ne pouvant vivre sans toi, j'aime mieux en finir que de mourir à petit feu.

» Sois heureuse sans moi. Je penserais éternellement à toi.

» Adieu. Comme je t'aimais !

» Je suis allé chez toi avec l'espérance que tu me recevrais. Je vois que tout est fini. Tu ne veux même pas me tendre la main. Ne plus te revoir ! J'aime mieux en finir.

» Je t'aime.

» A. DE BURNEL. »

« Ma Perle bien-aimée,

» Est-ce possible que tu penses à moi. Cette lettre va hâter ma guérison. Il est inutile de

te dire les tortures par lesquels je viens de
passer. J'ai quatres tuyaux dans l'estoma
par lesquel on me fait jour et nuit des injec-
tions pour épancher l'eau qui se porte au
cœur. Je suis sur un lit mécanique, et n'en
bouge pas depuis ma rechutte.

» Sache une chose, c'est que de ma vie je
ne t'oublirai. Tu est libre, je le sais; mais
quand tu pourras serrer la main, ne serait-ce
qu'une seconde, au pauvre Auguste, — je
te sais assez bon cœur pour ne pas lui refuser.

» A. DE BURNEL. »

« Je vais un peu mieux et je me lève une
heure par jour. Et toi ? Comment va-tu ?
Pourquoi ne m'écri-tu pas en bonne amie ?
Tu m'en voudras donc toujours de t'aimer.
Eh ! que vœus-tu ? Quoique tu fasse, ma vie
ne saurait payer l'un de tes baisers. L'on
aime qu'une fois dans la vie ! Mais tu ne seras
jamais importuné par moi à ce sujet. Je dévo-
rerai mon chagrin, et tu ne verra en moi

qu'un ami sincère et toujours près à t'être agréable.

» A. DE BURNEL. »

« Je te savais en Italie avec... et je sais enfin que tu est de retour à Nice. Tu m'en vœus donc à la mort ? Si tu savais le chagrin que j'ai de t'avoir causée tant de tourments et de peines. Je t'aimais tant, et t'aimerais toujours quant même ! Si ma présence, à ton retour à Paris, t'est odieuse, je fuirai, si tu le désire ; mais avant de m'éloigner, à mon tour, par ta volonté, tu ne me refuseras pas de déposer un baiser sur ta main chérie. L'ai-je assez aimé !... Je t'adore d'avantage !

» A. DE BURNEL. »

Par une fâcheuse coïncidence, je faisais peu de temps après, connaissance d'un jeune homme qui, inspiré peut-être par ce précédent d'un goût douteux, mettait à exécution, sans rime ni raison, sa funèbre plaisanterie. On comprendra que je n'insiste pas sur ce déplorable incident de ma vie. Le héros de l'aventure étant actuellement marié, et à la tête d'une importante maison. Je relate simplement pour mémoire un fait qui a défrayé longtemps grands et petits journaux, et je crois même les Revues de petits théâtres : tranchons le mot : l'affaire Duval. Je suis cependant bien obligée d'en parler puisque le surlendemain du jour où celui-ci s'était blessé, un commissaire de police se présentait chez moi, me notifiant, avec la plus grande politesse du reste, l'ordre de quitter immédiatement le territoire français. Je n'avais qu'à m'incliner. Je partis. C'était payer cher la minute inouïe d'aberration d'un autre, que j'étais bien loin d'avoir poussé à cet acte.

XXVIII

APRÈS MON EXPULSION — SÉJOUR A MONTE-CARLO
A NICE. — A MILAN

XXVIII

APRÈS MON EXPULSION. — SÉJOUR A MONTE-
CARLO. — A NICE. — A MILAN.

Au reçu de l'ordre d'expulsion, je ne savais où aller. L'idée m'était bien venue de rejoindre le duc. Mais où le prendre ? Depuis longtemps déjà, j'étais sans nouvelles de lui, et ne pouvais, par suite des circonstances, me défendre de quelque appréhension sur son accueil. Bien qu'il ne fût pas homme à épouser les préjugés de la foule, je craignais de sa part quelque volte désagréable, peut-être quelque amer reproche.

J'étais dans cette situation hésitante, quand m'arriva une lettre de Coralie Léno. Elle

m'engageait à me rendre sans retard à Monte-Carlo, où elle se trouvait dans une maison appartenant au fils du prince de Monaco.
— Sans retard ! Force était bien qu'il en fût ainsi ! J'arrivai la nuit chez mon amie, qui, ne pouvant m'offrir l'hospitalité de sa maison, située précisément en face de l'établissement de jeu, m'indiqua, non loin de chez elle, un hôtel tenu par de « braves gens », où je pourrais demeurer bien tranquille, à la condition de ne point me montrer.

Je me suis toujours mal trouvée d'avoir eu affaire aux « braves gens ». Cette locution n'a rien qui me charme. « Les braves gens » sont capables de toutes les petites infamies ; et rien ne me met plus en garde contre les individus que cette qualification sur laquelle ils spéculent les trois quarts du temps avec une édifiante effronterie. Je ne puis dire si ce furent positivement ceux-là — les braves gens de l'hôtel — qui me vendirent. Avaient-ils si grand intérêt à le faire ? J'ai quelques bonnes raisons de croire que non. Quoi qu'il en fût, pas plus tard que le lendemain, je recevais l'ordre de quitter Monte-Carlo. Il va sans dire que j'avais payé « aux braves gens » trois mois d'avance : précaution qui rentre assez dans mes habitudes, quand il doit m'arriver quelque désagrément.

Il fallait donc partir à peine arrivée.

« Si chaque pays où je m'arrête, pensai-je, use du même procédé à mon égard, je ne bougerai plus du wagon. Peut-être m'intimera-t-on l'ordre de ne plus embarrasser la voie? Dans ce cas, va pour les grandes résolutions! J'irai trouver mon duc. »

Coralie avait une propriété à Nice. Elle la mit à ma disposition. C'était l'arrangement le plus commode. Je n'avais pas à craindre qu'une indiscrétion de valet ou de servante me livrât de nouveau aux rigueurs d'une nouvelle Prévôté.

Je quitte donc Monte-Carlo, arrive à Nice, éreintée, n'en pouvant plus. Je m'installe, résolue de garder le plus strict incognito. De ma prudence dépendaient mon repos et ma liberté.

Le duc Jean m'écrivait :

4 mars 1873.

« Quels nouveaux ennuis !

» Comment ! te voilà victime du gouvernement de Monaco, parce que tu es expulsée de France, et tu peux séjourner à Nice ? J'espère que cela est arrangé, et que cette persécution est arrêtée, et que l'on te laissera tranquille, puisque l'on a été poli pour toi à Paris.

Milan, 9 mars 73.

« Ma chère P.,

» J'ai tes lettres du 5 et du 6. Elles me font plaisir. Enfin on te laisse un peu tranquille, et tu retournes dans ta maison de Monte-Carlo. C'est heureux, tes nouvelles m'arrivent en vingt-quatre heures : cela augmente le désir que j'ai de t'embrasser. Je ne puis encore bien fixer *où* et *quand* : probablement sur la côte et bientôt... As-tu lu les articles du *Figaro* sur toi, qui parlent de tes persécutions et de tes connaissances ?

» Jusqu'à quand as-tu ta campagne ? As-tu des projets arrêtés ? Sais-tu s'il y a sur la côte, en Italie, un bon hôtel où l'on serait tranquilles quelques jours ?

13 mars 1873.

« Vraiment, le gouvernement de Monaco veut se donner des airs d'un vrai gouvernement, en étant persécuteur. C'est odieux et absurde ! Après tout, si on te laisse à Nice, cela vaut mieux que Monte-Carlo. Peux-tu y sous-louer ta campagne ?...

» Tes projets me semblent vagues. Si tu vas à Vienne, il faut t'y préparer. Ce ne sera pas facile de t'y loger avec l'Exposition universelle, et cela te coûtera cher. Cependant, à défaut de Paris, tu t'y amuseras plus qu'ailleurs. Milan est très facile, pour quelques jours ; c'est, du reste, sur ta route de Nice à Vienne, mais il y a des difficultés de logement. A l'hôtel, ce n'est pas commode, on n'y est pas libre le soir : cette ville est petite, et tu t'y ennuierais autant qu'à Genève. Qu'y feras-tu, les soirées ? Après quelques jours, tu t'ennuieras plus qu'à Nice. J'ai fait l'expérience.

Milan, 17 mars 1873.

« Je ne reçois ta lettre de vendredi que ce matin, parce qu'elle a été retardée par un affranchissement insuffisant. Mets donc quarante centimes au lieu de vingt-cinq : tes moyens te le permettent encore. Je suis tout charmé de l'idée de te voir bientôt. Écris-moi le jour exact de ton départ et de ton arrivée. Je me sens tout rajeuni par ta prochaine arrivée. Malgré la pluie et les ennuis, je suis de bonne humeur. Vous voyez, madame P., que le cœur ne vieillit pas. »

Tout alla bien pendant quelque temps. Mais un jour, je reçois une lettre. Quoique la missive en question ne portât aucune marque, cachet ou en-tête, qui indiquât sa provenance, je ne m'abusai pas un instant sur sa signification. Je me dis : Encore un billet de circulation !

C'était toujours la même chanson : une invitation, — non à la valse — mais au galop !

J'eus la velléité de tenter avec la police une petite partie au plus fin : et la ruse me réussit à moitié.

Je fais mes malles sans perdre une seconde, on les porte à la gare où je les accompagne; je congédie le camionneur, et fais enregistrer le bagage à la consigne, sous un nom d'emprunt; puis je retourne, le soir venu, dans la ville, où je loue tout de suite une petite maison. Le lendemain, j'envoie reprendre mes colis, et les reçois bien tranquillement à domicile.

Je me disais : « Si je ne suis l'objet d'aucune dénonciation nouvelle, la police me laissera en paix. »

Et je restai tranquille, en effet, un mois et demi. Mais à quel prix!

Je sortais à peine, ne voyais personne : on m'apportait mes repas du dehors, et j'avais pour bonne une petite femme complètement sourde, et presque muette, *Cléopâtre*.

Mais le malheur, qui me poursuivait avec une si touchante persévérance, vint placer sur ma route une de ces connaissances terribles, impitoyables; j'ai nommé Aline Cortin!

Elle m'accoste dans une de mes rares sorties:

— Cora! Pas possible! Où demeures-tu donc Cora? C'est moi qui ai regretté ce qui t'était arrivé! Vrai! quand j'ai su par le journal que Cora Pearl avait été expulsée!...

— Mais malheureuse! c'est toi qui travailles à mon expulsion, qui signes ma feuille de route, qui la paraphes, qui l'apostilles!

Oh! les imprudents amis! Mieux vaudrait un sage commissaire!

Il ne fallait pas songer à demeurer plus longtemps à Nice.

« Eh bien! me dis-je, passons à Milan! »

Et me voilà rebouclant mes malles, mais, cette fois, par exemple, ne les laissant pas à la consigne.

Or, voici qu'à peine arrivée à Milan, je fais comme Aline Cortin, de récente et désagréable mémoire, je lis le journal. Qu'est-ce que j'y vois? Que le duc Jean vient d'arriver dans la ville. — Quelle coïncidence! Décidément, j'avais été bien inspirée! Cela ne m'était pas habituel. Je pardonnai à ma terrible amie son bavardage. Sans sa rencontre j'aurais manqué infailliblement le duc. Qui sait même si je fusse allée à Milan ?

Je retrouvai le duc Jean toujours le même, très large, très au-dessus des racontars, ne prenant sur toutes choses que sa raison pour juge. Il ne sembla point contrarié de me voir. D'ailleurs, il n'avait pas l'air d'un homme qui s'amuse « extra-muros » comme disait un « Colibri » de ma connaissance, dont j'aurai sans doute l'occasion de reparler plus tard.

— Enfin, me dis-je, je vais pouvoir retirer de mes malles mes pauvres effets !

Et je les mis à l'air.

XXIX

MA STATUE EN MARBRE PAR GALLOIS
MADAME DESMARD ASSISTE AUX SÉANCES

XXIX

MA STATUE EN MARBRE PAR GALLOIS. — MADAME DESMARD ASSISTE AUX SÉANCES.

J'ai fait faire le moulage de ma poitrine et de ma main. La main en l'air tient un sein, l'autre sein fait le couvercle. Le tout en onyx. Un monsieur me l'a pris et l'a donné au « Phoque ». J'ai su depuis que la maison d'onyx avait fait faillite.

Quant à ma statue en marbre, je l'ai fait faire par Gallois, en douze séances.

Pendant une pose, on frappe. C'était madame Desmard : une cliente de Gallois.

— On n'entre pas, j'ai madame Pearl. Je ne puis vous ouvrir.

— Suppliez-la. Ouvrez-moi.

On ouvre. Elle était charmante, gaie, spirituelle. Je fus particulièrement frappée de la blancheur de son teint.

— Vous me permettrez, me dit-elle, de venir voir de temps en temps où en sera la statue?

Elle revint plusieurs fois, prenant un plaisir extrême à ce qu'elle appelait, sans emphase du reste, la contemplation de l'art et de la nature. Elle-même avait un peu passé par là. Je dis, un peu... Gallois n'avait fait que son buste.

— L'art, disait-elle, est une belle chose, mais la nature est bien au-dessus !

Tout cela par obligeance et sans autre application que celle de son oreille sur ma poitrine.

— Quel dommage, disait-elle, que le ciseau ne puisse reproduire ces palpitations légères, qui sont la vie !

Gallois souriait, et je me disais à part moi :

— Il me sculpte et elle m'ausculte !

Quand je fus immobilisée, ou, si mieux

on aime, quand l'œuvre fut achevée, ce fut madame Desmard qui devint pour moi de marbre. Je ne l'ai jamais revue.

Le corps nu est parfait : mais la tête est peu ressemblante.

XXX

UN QUI NE PEUT APPRENDRE LA DANSE : LE COMTE
DALSTROWSKI

XXX

UN QUI NE PEUT APPRENDRE LA DANSE : LE COMTE DALSTROWSKI.

Le comte Dalstrowski a passé plus de dix ans à apprendre le quadrille, sans jamais y parvenir. Il y a des natures rebelles à l'en-avant-deux. Il allait prendre des leçons chez Parrodin, où il rencontrait des gens du meilleur monde, jaloux de se perfectionner dans l'art si délicat du maintien. Parrodin, désespérant de le plier à la discipline de la chaîne des dames et du pantalon, lui faisait faire l'exercice à part, comme, durant le siège, ce bon maître Craquelin, le notaire, évoluait aux Champs-Élysées, seul, devant son charbonnier, qui l'exerçait au maniement du chassepot.

Quand, dans la salle de danse, on disait : voilà Witold ! cela jetait un froid.

Witold était horriblement vexé. Un jour il dit à Parrodin :

— Il me semble que je ferais plus de progrès, si, au lieu de me faire marcher tout seul, comme un benêt, vous me donniez pour acolyte dans mon apprentissage, quelqu'une des dames qui fréquentent vos cours.

La demande embarrassait fort le professeur, qui, néanmoins, tenait à contenter autant que possible ses clients. L'idée lui vint de s'adresser au noble sir Richard Selft, l'un des cavaliers les plus distingués, les plus riches de la colonie étrangère.

— Sir Richard, lui dit-il, en s'inclinant profondément et selon toutes les règles de l'art, le comte Dalstrowski, un de mes plus anciens clients, désirerait qu'une de nos dames voulût bien se sacrifier, pour le former à la danse. La marquise Di Saltando, votre grande amie, peut seule condescendre efficacement à ce désir. Mais je ne crois pas devoir lui présenter la requête du comte, avant d'avoir obtenu votre très gracieux assentiment. Quant à la marquise, elle est si bonne, qu'avec elle l'affaire ne fera pas un pli.

— Comment donc! cher monsieur Parrodin, fit sir Richard Selft. Tout à votre service et à celui du comte! Vous savez bien que je ne danse plus avec la marquise, depuis une sauterie enfantine, dont j'ai pris l'initiative, il y a quelque temps.

— Merci mille fois, dit Parrodin.

Et sans perdre une minute, il alla trouver, dans un angle de la salle, madame Di Saltando, qui accepta de la meilleure grâce du monde le rôle enseignant, que sollicitait de sa complaisance le comte Witold Dalstrowski.

La question était maintenant de trouver un vis-à-vis. Parrodin recourut à une ingénue des Folies-Comiques, qui tenait à danser par principes en vue d'un mariage avec un homme de robe, et avait momentanément pour cavalier le baronnet de Bresne, lequel fréquentait les cours de danse dans le but unique de se rencontrer avec la belle marquise.

Le quadrille commença donc entre le baronnet et l'ingénue, Witold et la marquise. Madame Di Saltando commettait distractions sur distractions, contrecarrant comme à plaisir les timides essais de Dalstrowski ; quant à de Bresne, il se livrait à des cavalier-seul qui faisaient reculer jusqu'au mur le pauvre comte, et lui permettaient à peine de saisir du bout des doigts la main que lui tendait par pure obligeance, et pour satisfaire aux exigences de la chaîne, la marquise fascinée par la vue de son cher baronnet.

— Jamais, dit Witold à Parrodin, quand il eut remercié sa dame, jamais je ne danserai avec la marquise, tant que ce fantoche de de Bresne battra ses entrechats !

— Que voulez-vous alors que je fasse ? demanda Parrodin.

— Que vous vous mettiez en quête d'un vis-à-vis moins impétueux que de Bresne, puisqu'il faut toujours un vis-à-vis dans vos satanés quadrilles ! — et d'une danseuse moins distraite que la marquise.

— Je crois avoir votre affaire, lui dit le maître, après une courte pause. Je ne suis pas personnellement connu de Cora Pearl, mais je lui ferai parler pour vous par quelqu'un.

Le comte vint en effet chez moi, à une soirée où l'on dansait. Il m'invita ; mais il faut croire que ma danse, fort peu échevelée, le dépaysa complètement : — effet de contraste !
— Il se croyait encore dans le tohu-bohu de son monde à lui. Plus que jamais il perdit la carte, et s'en fut conter à Parrodin sa nouvelle déconvenue.

— A la fin, lui dit le maître impatienté, que voulez-vous encore de moi ? J'ai fait pour vous, auprès de sir Richard Selft, une démarche très délicate ; j'ai gagné à votre cause une marquise, j'ai obtenu de Cora une invitation, — une admission, si vous voulez, — que d'autres, non moins titrés que vous et infiniment meilleurs cavaliers, ont sollicitée vainement peut-être, et vous n'êtes pas content ?...

« — Non.

— Je n'en puis mais : et si vous suivez mon conseil, monsieur le comte, vous renoncerez à la danse.

XXXI

COLIBRI. — SON GÉNIE ADMINISTRATIF. — BATAILLES
SUSCEPTIBILITÉS
UN DRAME DANS UNE CUISINE

XXXI

COLIBRI. — SON GÉNIE ADMINISTRATIF. — BATAILLES. — SUSCEPTIBILITÉS. — UN DRAME DANS UNE CUISINE.

J'ai eu un « colibri ». Quelle femme n'en a pas laissé quelqu'un en suspens dans son antichambre ?

Ce colibri aux ailes argentées avait été cependant plus loin. Drôle d'oiseau, qui tenait assez du perroquet, non par la beauté du plumage mais par une déplorable tendance à répéter les termes bas et mal sonnants. Et s'il n'y avait eu en lui de grivois que les termes ? Mais les manières étaient à l'avenant ! Ces aimables avantages ne l'empêchèrent pas de dépenser avec moi deux cent mille francs bien comptés. Il conduisait la maison, y réglait tout, apportant dans ses fonctions ce charme d'urbanité qui fait adorer un maître de ses domestiques.

Un jour il se battit avec un valet de chambre : le pugilat avait lieu sur un palier. Ces messieurs se faisaient un devoir de rouler l'un sur l'autre, lui, superbe de torse et d'ébouriffement, le valet blême, avec un œil au beurre noir. Attirée par le vacarme, je fus seule, heureusement, à contempler ce spectacle.

Je dois constater à l'honneur musculaire du dit Colibri qu'il finit par remporter une victoire vigoureusement disputée. Il y eut comme une réminiscence des fameux coups de poing de la fin, seulement Mathias ne témoigna pas à son patron vainqueur une admiration des plus enthousiastes.

Colibri avait la passion de la prise de corps : et aussi une orthographe bien à lui, celle des autres n'étant pas de son goût. Il écrivait mon *n'oncle*, et me trouvait de la *majestée*.

Très susceptible comme les sots, il se croyait insulté pour la moindre chose. Malheur à qui écrivait Collibri, Colibry, ou tout autre équivalent erroné dans l'orthographe du nom, qui de pères en fils, avait toujours *sautillé* dans sa famille. Il ressemblait un peu au Chabannais de la comédie ; bien qu'il ne fût pas bossu, il avait toujours une claque en réserve pour quiconque lui adressait un mot, une qualification de lui inconnue, et, dès lors, invariablement jugée offensante. Mais jamais de duel, au moins que je sache : des piles, rien que des piles. Ce qu'il en a donné! Ce qu'il en a reçu !... C'était sa distraction, sa quiétude. Ses amis le comparaient à ces crabes, qu'on nomme dans le Midi « des enragés » et qu'on ne peut saisir qu'en plaçant ses doigts à une juste distance des crocs de devant et des crocs de derrière.

On servait à déjeuner un beefsteak. Le morceau n'était pas à la convenance de monsieur. Il prend le beefsteak et bondit du côté de la cuisine.

Là, il apostrophe Salé, l'illustre Salé :

— Dites-donc, vous ! Qu'est-ce que c'est que ça?

Et il tend l'assiette d'un ton farouche.

Salé très calme :

— Ça, c'est un beefsteak.

— Eh bien, dit Colibri, mangez-le !

Il jette en même temps sur le fourneau le beefsteak et l'assiette qui se brise.

Salé furieux de cette insulte qu'il reçut en présence de son aide et de la fille de cuisine, s'empare du beefsteak et le lance sur Colibri. En pleine figure, vlan !

On croit peut-être que Colibri entonna son chant de guerre? On se trompe. Cette application de viande tiède sur la joue produisit l'effet du verre d'eau qu'on jette à la face d'un enfant rageur.

Colibri s'est tû, comme par enchantement.

En le voyant revenir de son expédition à la cuisine, je lui demandai ce qu'il était allé faire.

Il me répondit, tout en passant sa main sur sa joue qui me paraissait un peu plus rosée que de coutume :

— Rien, mais il fait chaud chez Salé.

— Mais pourquoi donc êtes-vous descendu avec ce beefsteak ?

— Pour m'en faire servir un autre.

XXXII

LE DUC DE NABAUD PREND MON PARTI
UNE MISSIVE DE MA CONCIERGE
OFFRES GÉNÉREUSES ET DÉSINTÉRESSÉES
DU DUC A MON RETOUR

XXXII

LE DUC DE NABAUD PREND MON PARTI. — UNE MIS-
SIVE DE MA CONCIERGE. — OFFRES GÉNÉREUSES
ET DÉSINTÉRESSÉES DU DUC A MON RETOUR.

Je dus à mon expulsion la connaissance du duc de Nabaud : il était alors avec Alméda. La mesure rigoureuse qu'on venait de prendre à mon égard l'avait outré. Il était de ceux qui n'ont pas peur de protester contre la violence, et se rangent instinctivement du côté des victimes. Sa grande fortune, la considération dont il était entouré, lui permettaient l'indépendance. On ne lui donnait pas de soufflets — très certainement, et pour cause — mais il disait aux gens leur fait, se constituant au besoin vengeur des soufflets arbitrairement reçus par les autres. Les caractères de cette trempe ne pullulent pas en ce monde comme les lapins.

Furieux de ce qui s'était passé, il accourt à mon hôtel. Il ne me connaissait pas, et tenait à me donner une preuve éclatante de son indignation. J'était partie. Il revient encore, pensant qu'une intervention influente avait obtenu pour moi quelque accommodement avec le beau ciel de la préfecture.

En cela le comte se trompait du tout au tout sur mon caractère. Si méprisable que m'eût rendue aux yeux de l'ordre public un acte, regrettable sans doute, mais nullement imputable à ma conduite, je me serais estimée vile, si je m'étais abaissée aux supplications. J'avais été l'objet d'une mesure d'exception, dans la rigueur : il me répugnait de demander à l'être dans la clémence. Un ami me dit à mon départ : « Vous avez pour vous les honnêtes gens. » Je lui fis observer que la plaisanterie était d'un goût douteux. Ceux qu'on est convenu d'appeler les honnêtes gens ne pouvaient qu'applaudir à l'expulsion « d'une personne de mon espèce. » Pour eux le procès était jugé d'avance. La plupart de ceux qui approuvaient le châtiment qu'on m'infligeait, étaient eux-mêmes « les honnêtes gens » : ils tenaient fort à cette qualification, qu'il n'auraient pas craint pourtant de perdre en daignant me rendre quelquefois visite. Mais ils auraient eu peur de faire paraître un peu de sympathie pour une femme qui avait cessé d'être heureuse. Je baissais dans leur estime en raison même de ma disgrâce. Autre temps, autre toise !

Le comte revint donc inutilement : je n'étais pas de retour. Il ne désespérait pas pour cela de me trouver, il revint encore, puis encore, et si souvent que les concierges m'informèrent de ces visites par la plume de l'excellente madame Bourdille, dont voici le récit fidèle :

« Un monsieur dans les trente ans est venu lundi, il est revenu mercredi et puis jeudi. Il a dit : « Elle est raide tout de même ! — Nous lui avons dit : Pour sûr ! » Ce monsieur qui est très bien avait un fiacre le lundi et le jeudi : à pied le mercredi. Il a dit qu'il avait affaire à midi. Nous lui avons observé que madame ne reviendrait pas de sitôt, alors il a dit : « C'est épatant! » Il est revenu hier samedi ; cette fois-là dans son coupé. Cette marque réitérée de considération pour madame a fait une impression d'obligeance à mon mari et à moi-même. Et c'est d'autant, que le monsieur a dit ne pas connaître madame, sinon qu'il sait son nom. Nous espérons que madame se porte toujours bien. Elle peut jouir de la tranquillité. Mon mari et moi-même ouvrons l'œil sur la maison.

» P. S. Le monsieur s'appelle le duc de Nabaud : il est assez grand, son groom a dans les vingt ans, son cocher peut avoir dans les cinquante, cinquante-deux ans. »

On le voit : j'étais renseignée. Je sus infiniment gré à ce galant homme d'avoir pris aussi chaleureusement le parti d'une personne qui lui était inconnue; sa bonté me consola de la désertion des prétendus amis.

Les vides sont comblés si vite dans le tourbillon qui nous entraîne !

J'écrivis dès mon retour au duc de Nabaud. Je tenais à lui témoigner ma reconnaissance. Le lendemain il vint me voir..

— Enfin ! me dit-il, vous n'êtes plus en pénitence !

Je lui répondis qu'en somme la pénitence avait été assez douce, mais que je n'avais pas pour cela envie de recommencer.

— On ne fait pas fortune en exil, me dit-il aimablement. Mon intérêt est jusqu'ici bien platonique. Veuillez me traiter en ami, et disposez de ma bourse.

Et il me força d'accepter quinze mille francs. En un mois, il m'en donna trente mille.

Nous passions des heures à causer, car le duc est un causeur charmant ; c'était bien comme ami, et rien que comme ami, qu'il désirait être reçu, — ami généreux et désintéressé. Il ne songeait pas, en agissant de la sorte, à user d'une tactique habile, et prenait pourtant, bien à son insu, le meilleur chemin pour ménager dans une femme la transition toujours facile de la confiance à l'abandon. L'intérêt qu'il m'avait témoigné sans me connaître, le charme de bonne compagnie qu'il apportait avec lui, le plaisir qu'il semblait prendre à rendre moins pénible la position dans laquelle je me trouvais alors, tout me faisait concevoir pour lui une estime voisine de l'affection la plus sincère.

Les relations qui s'établirent plus tard entre nous n'en furent que plus douces : je ne pouvais refuser un témoignage de tendresse à qui avait pour moi fait preuve de tant de cœur.

J'ai reçu du duc plusieurs cadeaux, entre autres, un sac de 4,500 francs, de chez Ancre, rue de la Paix. J'ai dû vendre tout ce que je possédais : il fallait payer mes créanciers. Ce sac est un des objets donc la perte fut pour moi la plus sensible. « Peut-être, me dis-je parfois, en me berçant d'un faux espoir, peut-être ce cher souvenir n'est-il pas perdu? La reconnaissance est dans les mains d'un tiers ! Mais bien du temps a passé déjà sur cet engagement volontaire, comme mon sac a passé peut-être à une autre « recrue » de l'éternelle territoriale!

Je n'ai pas revu le duc depuis quatre ans.

XXXIII

GONTRAN DE CÉDAR
COMMENT IL EN USAIT AVEC UN PHILOLOGUE
JALOUSIE DE LA COMTESSE DE MORGANE
QUINZE JOURS D'ATTENTE
MA VISITE AU CHATEAU DE MENON, PRÈS DE PARIS
A CACHE-CACHE. — BRONCHITE FINALE

XXXIII

GONTRAN DE CÉDAR. — COMMENT IL EN USAIT AVEC UN PHILOLOGUE. — JALOUSIE DE LA COMTESSE DE MORGANE. — QUINZE JOURS D'ATTENTE. — MA VISITE AU CHATEAU DE MENON, PRÈS DE PARIS. — A CACHE-CACHE. — BRONCHITE FINALE.

Le vicomte Gontran de Cédar avait un faible pour les grands crus. L'inconvénient qui résultait pour lui de cette tendance, était de s'endormir au milieu de la conversation. Les efforts d'attention auxquels il se livrait pour en reprendre le fil, considérablement dévidé, me donnèrent plus d'une fois à rire. Ses amis lui connaissaient ce travers, dont il parvint à se corriger complètement, fait assez rare pour qu'il vaille la peine qu'on l'enregistre. Il avait en outre la manie d'aller à pied.

Un maître de langue russe, je crois, l'homme le plus distrait de la terre, qui savait quinze idiomes différents, allait au château de Menon, l'hiver, trois fois par semaine, donner des leçons au maître de céans et s'en retournait le soir, à la gare, armé d'une lanterne. Le vicomte l'accompagnait souvent jusqu'à la station. Comprend-on un homme archimillionnaire qui prend plaisir à guider dans l'obscurité un professeur de russe ? Gontran marchait devant Burchère (c'était le nom du quidam), dans un chemin bordé de fossés. A chaque dix pas, on entendait des gémissements plaintifs.

— Où êtes-vous, Burchère ?

— Dans le fossé, monsieur le vicomte.

— A droite, maître ?

— Non, à gauche.

Le vicomte procédait au sauvetage.

Burchère, ses livres d'une main, sa lanterne de l'autre, s'élançait dans l'espace, étendant les bras. Il nourrissait l'espoir de rattraper ainsi le temps perdu. Mais, au bout de cinq minutes, c'était encore un appel du maître.

— Burchère! s'écriait le vicomte, fidèle à sa mission, de quel côté cette fois?

— Toujours à gauche.

— Très bien!

Nouvelle extraction du fossé : nouvel essor du philologue : nouvelle extension des bras.

A ce train, on risquait fort de manquer l'autre; et c'est ce qui arrivait souvent. Mais il y avait de la ressource : un départ toutes les deux heures.

Les médecins avaient prescrit au vicomte un peu d'exercice après le dîner. Le bon professeur se faisait un plaisir de prendre sa part du régime. Tout d'ailleurs se faisait en russe, chemin, chute, sauvetage.

Gontran ne prétendait pas m'imposer d'aussi émouvantes promenades : et ce fut pour me rassurer, sans doute, à cet égard, qu'il m'offrit un landau des plus confortables. Ce furent ensuite des cadeaux magnifiques : bref en sept mois, 76,000 francs.

La famille du vicomte ne voyait pas notre

liaison d'un œil bienveillant. La comtesse de Morgane, entre autres, m'honorait d'une antipathie vraiment princière. Dieu sait! pourtant, si j'ai jamais contre elle usé de représailles! Après tout, ce n'était pas ma faute si les bijoux et les parures ne m'allaient pas mal!

Il m'est revenu que cette chère comtesse avait un soir, à l'Opéra, essuyé une grosse avanie. Ce que je sais, c'est que l'affaire me fut mise sur le dos. Encore eussé-je été bien aise d'être instruite de ce dont on m'accusait. Fureur de la grande dame, épousée pour la première fois peut-être, par le grand mari.

Cris, menaces, gros yeux, et c'est tout. Je cherche encore pourquoi.

Gontran avait en moi une confiance que je n'ai jamais trahie. Je fus en mainte occasion initiée à ses projets les plus confidentiels.

Sur ces matières je n'ai naturellement rien à dire : mes Mémoires ne sont pas les siens. Si je note le fait, c'est uniquement parce que je le trouve tout à l'honneur de sa confiance. Je regrette seulement que l'homme qui m'avait montré cette confiance même se soit caché de moi, comme il l'a fait, pour contracter un mariage, qui devait le plus naturellement du monde, je dis, le plus simplement, amener entre nous une rupture.

Il gelait à pierre fendre. Gontran me quitte :

— Il fait froid. S'il gèle trop pour chasser à courre, j'irai chasser au lapin.

Je l'attends quinze jours. Personne. Je me rends à son château par une pluie battante ; un vent à décorner le diable. Je descends à la station. J'entends rouler une voiture : c'est la sienne. La voiture était vide. J'apprends du cocher que M. le vicomte vient de prendre le train de Paris. C'était décidément un chassé-croisé. Je monte dans le coupé, résolue d'attendre mon déserteur. Jamais je n'étais venue à Menon. Le valet de chambre me fait les honneurs du palais. Un véritable palais qui ne renferme pas moins de soixante-dix appartements. Je ne puis échapper aux renseigne-

16.

ments que le larbin croit de son devoir de me fournir.

— Nous avons habité assez longtemps l'autre aile du château, mais nous ne nous y trouvions point à l'aise. Ici nous sommes absolument chez nous. J'ai eu beaucoup de peine à ranger monsieur à mon avis. Il tenait, je ne sais trop pourquoi, à sa première installation. Vous savez, madame, les vieux garçons?... Mon Dieu! Peut-être un jour serai-je de même! Pour le moment, monsieur paraît très occupé. Il reste beaucoup plus longtemps au château que de coutume; il écrit pas mal de lettres. Ce garçon-là se fatigue. Je le lui dis, mais il ne m'écoute pas. Quelquefois même, il s'émotionne et me dit des choses dont il se repent beaucoup ensuite, et dont il est le premier à s'excuser. D'ailleurs, chez lui, pas un grain de méchanceté. Ce n'est qu'entêtement. Oh! pour ça, il m'agace. Il voudrait qu'ici tout se fît à sa tête. C'est un pli que lui a laissé prendre la personne qui m'a précédé dans mes fonctions. Ce sont les domestiques qui gâtent les maîtres.

— C'est bien, dis-je, je vais m'installer dans sa chambre et l'attendre.

— C'est cela : j'allais vous le proposer. Madame pourra lire les journaux. Voyez donc! Ils ont encore leur bande! Je n'ai pas depuis quinze jours un moment à moi!

Et je m'installai en effet dans cette chambre où se trouvait un lit de fer. Une heure, deux heures, trois heures se passent. Marlborough ne revient pas. L'idée ne me prend point de monter à la tour : j'avais eu assez froid comme ça en chemin de fer.

— Qui sait, me disais-je, s'il n'est pas à m'attendre de son côté chez moi?

En regardant parmi les journaux épars sur la table, je trouve une lettre à mon adresse. L'enveloppe n'avait pas été cachetée. Pas d'indiscrétion, n'est-ce pas? La lettre est à celle à qui elle est adressée. J'ouvre le pli qui contenait tout bonnement ces mots tous raturés :

« Ma chère Cora,

» Je suis toujours (raturé)

» Tu es toujours (raturé)

» Nous sommes toujours (raturé) »

Décidément c'était un exercice de conjugaison. Cela dénotait cependant une intention quelconque.

Et Gontran n'arrivait pas !

De guerre lasse, je quitte le château, et laisse mon mouchoir sur l'oreiller. Je rentre à Paris, et, une fois à la gare, j'attends mon vicomte pour le départ de cinq heures. Je ne m'étais pas trompée. Je le vois descendre de voiture.

— On ne passe pas, et on ne part pas ! lui dis-je en riant.

Il ne savait que répondre.

— Avouez, continuai-je, que vous aimez à faire courir les gens ! Voilà une chasse qui vous a pris bien du temps !

Il me répond d'un air abasourdi :

— Ne m'en parlez pas !

J'éclate de rire à cette réflexion.

— Je vous ai attendu, lui dis-je, deux longues semaines, plus aujourd'hui, cinq heures, à Menon, dans votre bicoque : je ne m'en plains pas, cela m'a procuré l'avantage de contempler votre lit de fer, et de jouir de la conversation de votre larbin. Il me semble que j'ai droit à une petite compensation. Vous m'accorderez bien un jour. Suis-je trop exigeante ?

Il me reconduisit chez moi. Mais du motif de son absence, pas un mot. Je ne lui fis, de mon côté, aucune question.

Deux jours après, disparition nouvelle. Cela devenait une habitude. Je n'ai jamais eu de goût pour jouer à cache-cache. Pourtant je me piquai au jeu.

Je me rends à son hôtel, dans le quartier de l'École militaire. J'avais pris un fiacre, dans lequel je grelottais à claquer des dents. Le sapin stationnait en face de la porte, tandis que mon cocher se rafraîchissait dans un débit voisin, et venait voir de temps en temps si son cheval n'était pas gelé.

La nuit arrive, avec elle l'homme aux démarches ténébreuses.

Dès que la porte s'est refermée sur lui, je

sonne à mon tour, et rejoins mon vicomte au bas de l'escalier.

— Voyons, lui dis-je, pourquoi fuir, qu'avez-vous?

— Moi? Je n'ai rien.

— Vous voulez rompre? Eh bien, dites : Rompons.

— Vous êtes extraordinaire!

— Moi? C'est un peu fort. Voyons, mon gros René Gontran : Romprons-nous? ou ne romprons-nous pas? Est-ce un prétexte qui vous manque? Est-ce une paille? Enfin, parlez!

— Vous me faites de la peine, en me tenant ce langage, me dit-il. Je crois avoir toujours usé de franchise avec vous, et vous me supposez une dissimulation...

— Qui n'est pas dans votre caractère, continuai-je, je le sais. Mais vous me supposez à moi-même une cécité bien étonnante. Ce qui se passe est donc bien grave?

— Je ne puis rien dire pour le moment. Plus tard vous saurez tout.

— Vous ne me traitez pas en amie.

— Mes parents eux-mêmes n'en savent pas plus que vous. Vous admettez bien, je pense, qu'on ait certains intérêts, qu'on poursuive certains buts dont on ne puisse entretenir les personnes qu'on aime le plus, sans user d'indélicatesse à l'endroit de certaines autres?

— A la bonne heure, voilà qui est plus explicite. Vous avez un amour qui exige de vous un pénible effort de discrétion, une femme mariée peut-être? Qu'y aurait-il là de si étonnant?

— Je vous jure que vous êtes dans l'erreur.

— Alors je ne vous comprends plus.

— Vous comprendrez.

Le lendemain, il m'envoya dix mille francs. Mais j'avais attrapé une bronchite.

Il me fallait maintenant aller à Nice, où je restai quatre mois. C'est au retour de cette cure, que j'ai appris son mariage par le *Figaro*. Gontran m'avait dit vrai : personne ne connaissait son projet, même dans sa famille. De Luce et Dasvin ont été aussi surpris que moi de la chose.

XXXIV

COMMENT ET POURQUOI JE DÉBUTAI AUX BOUFFES
KIOUPIDON. — QUEL SUCCÈS!!!

XXXIV

COMMENT ET POURQUOI JE DÉBUTAI AUX BOUFFES.
KIOUPIDON. — QUEL SUCCÈS !!!

Voici comment fut contracté mon engagement aux Bouffes. J'étais à l'Opéra, dans une loge, avec Marut. Arrive Nestor Crémillot.

— Je suis, nous dit-il, l'homme du monde le plus embarrassé.

— Embarrassant ! pensait tout bas Marut.

— Oui, continua Crémillot, je voudrais faire reprendre quelque chose.

— Les affaires qui sont, dit-on, dans le marasme ? risquai-je.

— Non.

— Quoi donc alors ?

— *Orphée aux enfers.*

— Orphée a-t-il vraiment besoin de cette évocation? demanda Marut.

— Pas lui, mais les Bouffes.

Nestor et les Bouffes ne faisaient qu'un à cette époque. La conversation en resta là. On jouait « n'importe quoi » avec une « étoile » assez jolie, mais déplorablement enrhumée. Les enthousiastes refusaient de croire à cette disgrâce. Ni Adrien, ni moi n'étions enthousiastes.

L'acte terminé, Crémillot parut sortir d'une léthargie. Sa physionomie, peu rayonnante de nature, revêtait une expression de déveine universelle.

— Comment vous trouvez-vous? lui demanda Marut faisant allusion à l'interprétation du rôle de Marguerite. Êtes-vous sérieusement malade?

— C'est Cupidon qui manque, répondit Crémillot.

— Vous croyez? fis-je étonnée.

— Ce serait pourtant le bon moment, continua Nestor, en passant la main dans ses cheveux.

Marut me proposa un tour au foyer. Nous sortîmes de la loge.

Nestor, de plus en plus soucieux, répétait toujours entre les dents : Cupidon!... Cupidon!...

Quand nous revînmes pour le troisième acte, Crémillot était toujours là, attaché à son idée, je ne dirai pas comme Vénus à sa proie, — je tiens à rester sérieuse, — mettons Vulcain à son enclume.

L'enrouement obstiné de la diva, l'enthousiasme persistant de ses admirateurs, la médiocrité insuffisamment dorée du ténor, furent impuissants à tirer Crémillot de sa méditation.

Tout à coup, il me demande :

— Sais-tu chanter ?

Sa question, le ton surtout dont elle m'était adressée provoquèrent de ma part un franc éclat de rire.

— Oui, dit-il, tu sais chanter ! J'en juge d'après le son argentin de ton rire. Maintenant, la vérité, toute la vérité !

— Prévenu Cupidon ! pouvez-vous chanter le rôle?

— Oui, je peux le chanter, comme je chante, sans savoir. J'ai tellement vu jouer la pièce que je connais le rôle par cœur.

Il m'aurait embrassée, s'il n'eût craint de choquer la prima donna... qui pourtant déjà... Songez donc ! le troisième acte avançait ferme...

C'en était fait. J'étais bombardée artiste dramatique, pour faire en public « l'Amour », rôle délicat s'il en fût, au théâtre, et devant lequel avait reculé plus d'une femme du métier. Nestor, qui tournait décidément à l'impresario, me conduisit le lendemain chez Collinvert, le professeur, mari d'Urbine, la grande chanteuse et qui devint amoureux fou de moi.

Quel zèle ! quelle ardeur ! quelle conscience dans ces explications toujours tendrement répétées, toujours docilement accueillies, sur l'amoroso, le crescendo, le rinforzando. Il me serina mon rôle sur le pouce, chantant avec moi, mimant avec moi ; avec moi soi-

gnant le point d'orgue, m'initiant enfin
des petits trucs qui m'ont grandement ser
lors de l'exhibition de mon Cupidon, peut-êt
un peu fantaisiste.

Je jouai douze fois de suite. La bande a
plaudit à tout casser. A la fin je fus sifflée.
quittai les planches sans regret, comme sa
désir d'y remonter.

Ce que c'est que la gloire.

XXXV

L'AMANT DE CŒUR
CE QUE JE PENSE DU TYPE
LES CABOTINS
LE SEUL QUE JE ME SOIS PAYÉ
DEUX SOUS DE MARRONS
VIEUX HABITS, VIEUX GALONS

XXXV

L'AMANT DE CŒUR. — CE QUE JE PENSE DU TYPE. — LES CABOTINS. — LE SEUL QUE JE ME SOIS PAYÉ. — DEUX SOUS DE MARRONS. — VIEUX HABITS, VIEUX GALONS.

Je puis dire que je n'ai jamais eu d'amant de cœur. Cela s'explique par le sentiment même qui m'a toujours inspiré une horreur instinctive pour le sexe fort. Ce n'est pas que je ne sois tout aussi sensible qu'une autre, que les délicatesses, les prévenances, les procédés obligeants me laissent indifférente. Loin de là. Maintes fois il m'est arrivé de sacrifier dans une large proportion l'intérêt à la reconnaissance ou à l'amitié. Mais pour ce qu'on est convenu d'appeler les passions aveugles, les entraînements fatals, non ! Je ne les ai pas connus pour mon repos et mon bonheur. J'ai toujours regardé l'amant de cœur comme un racontar, un mot creux. Parmi les femmes que j'ai fréquentées, — et elles sont nombreuses, — j'en ai vu des masses qui s'abusaient étrangement sur la matière. Elles finissaient par croire à l'amant de cœur, par leur seul désir d'y croire, confondant le masque avec le visage, le singe avec l'homme, Clichy-la-Garenne avec une forêt vierge du nouveau monde.

Un homme beau, jeune, aimable, qui m'a loyalement offert son bras, son amour, son argent, a tout droit de se croire et de se dire vraiment « mon amant de cœur », mon amant pour une heure, mon cavalier pour un mois, mon ami *for ever* ! Voilà comme je comprends la chose. D'ailleurs mon tempérament n'est pas aux ardeurs immodérées. On m'a reproché ma froideur et mon mépris profond. Eh bien, de glace pour l'espèce j'ai fait souvent exception pour l'individu ! Un très petit nombre, — mais pour moi cela suffit, — sait bien que je ne mens pas ; et que, disparue aujourd'hui de la scène, — puisque c'est une scène comme une autre — je garde en moi une ineffaçable tendresse pour qui sut me procurer, dans des rapports éphémères, ce charme qui ne meurt pas : la délicatesse de bon ton !

Jamais je ne me suis payée le caprice d'un acteur : j'entends un acteur réel : un spécialiste. Il y a des cabotines de bien autre espèce qui ne savent que trop se faire payer eux-mêmes et qui excellent dans l'art de se faire prendre plus pour ce qu'ils ne sont pas, que pour ce qu'ils sont. De ceux-là j'ai connu des myriades. De la Grande Ourse au Capricorne mon ciel en est constellé. A qui la faute ? Je jure que ce n'est pas à moi !

Le seul artiste que j'ai connu, c'est Gabour. Mais ce prince de la scène s'est comporté en grand seigneur.

Après l'affaire Duval, au moment de mon expulsion, il apprend que je suis dans la gêne : il accourt.

— Combien vous faut-il ?

— Non, mon ami, vous avez fait assez pour moi.

— Vous ne pouvez partir de la sorte, je ne le veux pas.

Et il me donna cent louis, — la moitié de sa fortune. Je lui pris la main qu'il me tendait, et je la serrai cordialement.

Je n'ai jamais accepté que cette fois une somme donnée de la main à la main.

C'est peut-être bizarre, mais c'est ainsi. Affaire de tempérament :

J'aurais plutôt accepté deux sous de marrons d'un galant homme... râpé.

Cadroin, à qui je faisais cette réflexion, et qui fut magnifique, — à ses heures, — m'envoya le lendemain « pour mon dessert, » par un Auvergnat, un paquet enveloppé lui-même dans un vieux journal. Je l'ouvris. Des boules de papier roulèrent par terre. C'étaient quatre marrons glacés, enveloppés chacun dans un billet de mille. L'intention était louable, mais les marrons ne valaient rien.

Plus cabotin à coup sûr que l'artiste applaudi de tous, aimé de toutes, ce Schulb qui m'a si prestement débarrassée de deux cent mille francs, — qui ne me gênaient pas, je le jure! Pouah! quelle histoire! Il y a là-dedans des odeurs de mont-de-piété qui vous suffoquent. Ils étaient deux : Isaac et Joseph. Cela s'habillait avec la défroque des pauvres diables : exigeant les « zingante zendimes » pour la boîte, où l'on met la bague sur laquelle on vous avance cent sous. « Drois vrancs zingante » pour l'habit neuf « parce que c'est fous. » Cela pourtant trouvait des protections. Ils s'offraient généreusement à garder l'argent des autres, à le faire travailler, excepté toutefois le jour du sabbat. Ils pêchaient les diamants en eau trouble, et changeaient en superbes rivières les vilains ruisseaux dans lesquels ils barbottaient sans vergogne. Isaac avait obtenu l'autorisation de travailler en Valachie, je crois, à la traite des vieux habits, vieux galons. Mais les voyages sont coûteux, et dans la vie, il est bon de compter. Il vint chez moi crier misère. Il me fit un gros emprunt. Quant à Joseph, il avait

insisté auprès de moi pour me rendre un
« betit » service, et je ne crus pas devoir lui
refuser cette grande satisfaction. Il se chargea d'engager pour moi quelques bijoux. Mais
il avait le génie du « gommerce ». Le génie du
commerce ne lui laissait pas un moment de
repos. Mon Dieu! que ce pauvre Joseph était
tourmenté! Il fallait sans cesse qu'il vendît!
S'il n'eût pas vendu ses frères, Joseph se fût
fait vendre par le sien! — Joseph vendit la
reconnaissance. Ce n'était, après tout, qu'une
parure, 152,000 francs, une misère, plus quelques petites brontilles, 50,000 francs au plus,
un rien! — Ça ne m'enrichissait pas, sans
doute : mais enfin, le Schulb n'y perdait rien.
— Pourquoi ne pas l'avoir fait arrêter? — Le
Juif-Errant marche toujours, on ne l'arrête
pas. Et puis, cela n'eût servi à rien.

En dehors de ces relations d'affaires, je n'ai
jamais connu de juifs. Si je me trompe, c'est
qu'alors j'aurai moi-même été trompée.

XXXVI

DON ALONZO ET LA PETITE HAVANAISE

XXXVI

DON ALONZO ET LA PETITE HAVANAISE.

Le comte Alonzo habitait, je crois, Vincennes, vivant fort retiré, au milieu de la plus aimable ménagerie qu'on puisse imaginer : écureuils, chiens, oiseaux rares.

Un jour il se présente chez moi ; j'étais absente.

Ma femme de chambre, très jolie fille, lui demande ce qu'il désire.

— Mon Dieu, lui dit-il, d'un air très embarrassé, c'est bien simple.

— Quoi donc ?

— Oh ! c'est extrêmement simple ! — Mais

dites-moi bien franchement : votre maîtresse n'est pas ici ?

— Voyons, monsieur, pourquoi mentirais-je ?

— Oui, au fait, pourquoi mentiriez-vous ? Voici la chose. Figurez-vous... c'est très drôle...

Mais il paraît que la chose était si drôle, qu'il n'osa pas en donner l'explication à la femme de chambre.

— Non, dit-il, je conterai cela à madame. Vous êtes trop jeune.

— Singulier monsieur ! pensa Clapotte, qui n'était guère plus âgée que moi-même. — Alors, monsieur, je ne dirai rien ?

— C'est ce que vous aurez de mieux à dire.

— C'est tout ?

— C'est tout.

— Qu'est-ce donc que cela ? ajouta-t-il en désignant un oiseau qui se trouvait en cage, dans un coin de l'antichambre.

— Ça ? c'est une perruche.

— Oh ! la vilaine bête ! — Je reviendrai demain.

Don Alonzo revint le lendemain, ainsi qu'il avait promis. Il tenait dans sa main une superbe cage, dans laquelle s'agitait quelque chose de très petit, de très frétillant, de très vert.

— Ah ! fit-il très étonné dès qu'il me vit. C'est vous, mademoiselle, qui êtes madame...?

— Madame Cora Pearl, continuai-je sans lui laisser le temps de prononcer mon nom.

— Ah ! par exemple ! qui m'eût dit ?... Et, ajouta-t-il, toujours son chapeau d'une main, la cage de l'autre, ce joli petit animal est à vous ?

Don Alonzo regardait avec une attention profonde mon petit chien Loulou qui dressait les oreilles, ne voulant pas perdre un mot de la conversation.

— Me direz-vous enfin, lui demandai-je, le motif qui vous a fait venir chez moi, sans me connaître, et vous a empêché de dire à ma femme de chambre ?...

Il se mit à rire.

— Imaginez-vous, me dit-il, que je possède une petite chienne havanaise fort jolie, à laquelle je tiens comme à mes yeux — quand je vous regarde.

— (Profondément originaux ces Espagnols.)

— Mon plus vif désir était d'obtenir un rejeton de cette gentille souche. Je me suis donc mis en quête d'un sujet propagateur. Mon valet de chambre, au fait de mon intention, me tint alors à peu près ce langage :

— Monsieur le comte me permet-il de lui fournir un renseignement? Le laitier de la maison a pour cliente une dame, laquelle possède un petit chien havanais; qui ferait merveilleusement l'affaire de monsieur.

— Vite le nom de cette dame ! son adresse !

— La dame demeure rue de Chaillot, son nom est *Cornapile*. — Oh ! ces laitiers, ça falsifie jusqu'aux noms des gens ! — Me voilà parti ! J'arrive, vous étiez sortie : et devant votre soubrette je n'ose... Enfin ! cela se comprend. Voyez-vous ce monsieur venant demander à une jeune femme?... Alors j'ai détourné subtilement la conversation ! Je me suis rabattu sur une affreuse perruche. Car elle était vraiment affreuse, votre perruche !

— Peut-être est-ce chez vous amour du contraste ?...

— Cette petite bête n'est pas à moi, mais à ma femme de chambre.

— Oh ! tant mieux ! me répondit Don Alonzo ! Tant mieux ! — Mais quelque grande qu'ait été mon erreur, je suis loin, ma chère dame, de m'en repentir. Je me demande seulement comment diable on a pu me comprendre, quand j'ai demandé imperturbablement madame *Cornapil!* C'est qu'il n'y a pas à dire ! Tout le monde m'a compris et dans la rue, et dans la maison, partout !... C'est désolant ! Car enfin, on a beau habiter Vincennes et être Espagnol !...

— Un léger accent étranger vous excuse, lui dis-je, pour calmer son désespoir.

— Excusez ma surprise, madame ! Ce que c'est pourtant que de vivre comme un loup ! Ah ! maudit laitier ! Fiez-vous donc à ce monde-là ! C'est lui qui a fait tout ce potin avec mon domestique. Mille pardons ! mademoiselle. Mais puisque j'ai eu la bonne fortune de vous voir, permettez-moi de vous faire très humblement hommage de cette cage et de sa locataire. L'une et l'autre remplaceront avantageusement la boîte massive et le vilain oiseau que j'ai entrevus hier dans votre antichambre.

L'offre était faite avec tant de bonhomie, les excuses présentées avec une franchise si naïve, que je ne crus pas devoir refuser.

— Je suis, me dit mon visiteur, le comte Alonzo, puis-je me flatter que vous daignerez me ranger au nombre de vos admirateurs ?...

Telle fut l'origine de notre liaison qui ne devait pas durer aussi longtemps que la vie de la perruche. Des intérêts politiques rappelèrent au bout de deux mois le comte dans son pays, où il n'avait plus de parents, mais un nombre considérable d'amis.

— Non ! me répétait-il souvent, je ne pardonnerai jamais à cet imbécile de laitier sa *Cornapil!*

Moi j'ai pardonné à Don Alonzo sa démarche intéressée, en faveur d'un repentir dont il m'a donné les preuves les plus satisfaisantes. Ai-je besoin de dire que le havanais, prêté par moi, m'avait été fidèlement rendu, avant le départ du comte ?

XXXVII

MA MAISON CONVERTIE EN AMBULANCE.
CES MESSIEURS DE LA COMMISSION
TRISTESSES ET GAITÉS

XXXVII

MA MAISON CONVERTIE EN AMBULANCE. — CES MESSIEURS DE LA COMMISSION. — TRISTESSES ET GAITÉS.

A Paris, pendant la guerre, le jour même où l'on a fermé les portes, j'ai déménagé huit chevaux, sous prétexte de les faire promener. On les a conduits à Cabourg.

Plus tard, ma maison de la Rue de Chaillot était convertie en ambulance.

Le pavillon anglais n'a jamais flotté sur ma porte : rien que le drapeau de Genève.

Chaque jour fournissait son contingent de mourants ou de blessés. Ce n'était pas l'époque des fêtes, et l'on prenait non plus son plaisir mais son devoir où l'on pouvait. C'était bien le meilleur moment d'utiliser le fond de pitié que chacun possède à plus ou moins grande dose : et franchement la matière ne manquait pas à la dépense. Je ne regardai pas à celle-ci, de quelque nature qu'elle fût. Tout se faisait à mes frais. Le médecin du Comité n'avait que des ordres et son temps à donner. Je payais jusqu'aux enterrements. On ensevelissait dans mes draps de toile fine. Huit lits constamment occupés.

Bien vêtus, plus que convenablement nourris, je ne crois pas que mes hôtes aient eu à se plaindre de moi.

Cela m'a coûté vingt-cinq mille francs.

Je n'ai pas même eu un diplôme! Ce n'est pas une plainte que j'exhale, mais une simple constatation que je fais.

Pourtant mon argent valait celui d'un autre! et j'avais le droit de l'employer à telle fantaisie qui me passait par la tête!

Certes, je souscris de grand cœur aux éloges publiquement décernés aux bonnes sœurs, aux nobles dames, aux dévouées zélatrices, mais les vertus officielles, si je puis ainsi parler, n'ont pas, à mon sens, le monopole du dévouement. Même parmi les bêtes, il y a des sensibilités, cela se voit assez souvent encore, et ceux qui tiennent en main les récompenses, s'honoreraient eux-mêmes, dans l'exercice de leur charge, en ne faisant pas, comme on dit, acception de personnes. Mais la morale ? mais l'exemple ? mais la dignité ? Et les usages ? et le monde ? et les convenances... Enfin, si c'est la loi morale qui parle ici, je m'incline devant cette noble abstraction. Mais, par exemple, si c'est Pierre ou Jacques, dont il m'a bien semblé reconnaître la voix, qui prétendent représenter cette loi morale !... Non ! Pas de sottises ! si bonne fille soit-on, il y a des bornes... Bornons-nous là.

Ce que j'ai vu dans mon antichambre de moralités... disponibles !...

Enfin, messieurs de la Commission, j'ai cru devoir faire comme vous vous êtes crus forcés de faire : à l'occasion vous feriez encore de même, et moi aussi.

Sur le moment néanmoins j'étais furieuse. Dans mon indignation je demandai une indemnité de quinze cents francs ! — J'ai dit que j'en avais dépensé vingt-cinq mille. — On refusa. J'en appelai aux tribunaux, qui me donnèrent gain de cause.

Si c'était à recommencer, je ne m'adresserais pas à la justice. C'était vraiment la déranger pour bien peu. Très polie, d'ailleurs, la justice. J'aimerais mieux prendre gaîment la chose. Il y a des matières au sujet desquelles on regrette le mauvais sang qu'on s'est fait : celle-là est du nombre. Un certificat, la belle affaire ! Le meilleur diplôme, c'est la reconnaissance des gens.

Je les aimais bien, mes petits moblots. Mon ambulance semblait avoir la spécialité des mobiles bretons. Longtemps après, bon nombre de ceux-ci, de passage à Paris, vinrent me voir. Jamais reconnaissance ne me fut plus douce. C'était bien gratuit, bien franc : le cœur parlait tout seul ! On s'embrassait comme du pain, comme du bon, s'entend, rien de celui qu'on avait dû goûter pendant la guerre.

Quelques épisodes de cette malheureuse époque me reviennent en mémoire.

Un pauvre garçon se mourait. Un dragon, celui-là : il faisait, avec quelques autres, exception à ma clientèle. Il avait un délire intermittent. Je m'approchai de son lit. Entr'ouvrant les yeux, et m'apercevant, sans doute :

— Ah ! ma pauvre Marie ! ma pauvre Marie ! murmura-t-il, nous nous aimons bien toujours, va !

Il se tut quelques instants, puis :

— Je vais aller bientôt au pays, remercier Cora... Marie est jalouse : et elle a tort. Je ne lui ai pas dit un mot, à elle.

— A qui ? demandai-je distraitement.

— A Cora.

Il mourait quelques heures après. Plus tard, un de ses camarades guéri a dit en partant au médecin de service :

— Ce pauvre Lucien ! Ce n'est pas la première fois qu'il voyait madame Pearl. Elle l'a vu sous un autre costume, et ne l'a pas reconnu. Ce qu'il aurait donné pour lui parler, la voir, l'entendre, l'an dernier!... mais c'était un timide. Il s'est tout de même rudement battu ! Pauvre Marie !... (Ici un nom qui a complètement échappé au médecin).

Le propos ne m'a été rapporté que beaucoup plus tard, alors que l'armistice avait depuis longtemps été signé.

A côté de la note triste la note plaisante.

Un petit Breton, presque rétabli, recevait de ma main je ne sais quelle tisane.

— C'est bon ça dans le fusil ! me dit-il avec un bon gros rire qui découvrait des dents blanches à faire plaisir.

— Vous parlez de fusil, lui dis-je. Connaissez-vous bien le maniement d'un fusil ?

Il n'osait pas donner de réponse trop affirmative. Il disait :

— Comme ça'...

Je lui montrai le coin de la cour sur laquelle donnaient les fenêtres de la salle, où nous nous trouvions.

— Voyons, lui dis-je, vous ne manqueriez pas un Prussien qui serait là ?

— Dam ! fit-il en hochant légèrement la tête, pour ça, faudrait pas qu'il bouge !

Je ris de sa réponse : et, d'un air gentiment nigaud, il me fit une seconde exhibition de ses dents blanches.

XXXVIII

TROP DE TENDRESSES A LA CLÉ
BONSOIR MADAME

XXXVIII

TROP DE TENDRESSE A LA CLÉ. — BONSOIR MADAME.

Si quelques femmes furent jalouses de moi, d'autres me témoignèrent plus d'une fois de la bienveillance. Certaines même manifestèrent à mon égard les sentiments de la tendresse la plus passionnée. De ce nombre furent la baronne Paggi et Jeanne Darfer, nièce d'un chanteur de l'Opéra.

Cette femme avait conçu pour moi une passion folle. Chaque semaine elle venait me donner une leçon de chant Cette leçon, dont la durée ne devait pas excéder une heure, se prolongeait quelquefois bien au delà de deux. Elle trouvait mille prétextes pour multiplier ses visites, se complaisait à chanter avec moi, quittait le piano, et me prenait les mains dans les siennes, comme pour mettre à l'unisson nos cœurs et nos voix. Son regard avait une expression si tendre, son chant des vibrations si douces, son attitude des façons si langoureuses, son teint des pâleurs si subites, que j'éprouvais auprès d'elle un embarras mêlé d'étonnement. J'attribuais ces troubles à une cause inconnue, à un souvenir doux ou pénible, à une ressemblance qu'elle découvrait entre moi et quelque personne qui n'était plus, une sœur, une amie... Je n'avais jamais osé provoquer une explication, que je craignais trop pénible pour elle.

La leçon terminée, elle roulait fébrilement sa musique, et sortait brusquement, comme si elle eût regretté le temps, souvent considérable, qu'elle avait passé avec moi. Parfois, elle me priait de l'accompagner à des concerts. Sa physionomie trahissait l'inquiétude. Elle avait, pour certaines personnes qui m'approchaient, comme des éclairs de colère. Chez Erhard, elle traita d'insolente, assez haut pour être entendue de nos voisins, une amie qui m'avait dit : « Tu es belle comme un petit ange ! »

Un jour, je prenais un bain. Elle se trouvait dans la chambre. Elle me sort de la baignoire, m'essuie, tremblante... muette...

J'ai fait semblant de n'avoir rien remarqué. Je n'ai rien dit.

Le lendemain je reçois d'elle une lettre : « J'avais des yeux et ne voyais pas, des oreilles et n'entendais point. »

Cette fois, par exemple, j'avais bien entendu. Quand elle revint, je lui interdis ma porte. Au fond, je plaignais cette femme, et ne me sentis pas le courage de lui renvoyer un médaillon, qu'elle m'envoya avec son portrait, comme souvenir d'une maîtresse à son élève.

XXXIX

MES RELATIONS AVEC LE PRINCE DE HERSANT

XXXIX

MES RELATIONS AVEC LE PRINCE DE HERSANT.

Il y a des gens qu'on se repent d'avoir connus trop tard. Le prince de Hersant est du nombre. Ses relations avec moi ne remontent pas à une époque très éloignée. Je l'avais vu passer plus d'une fois sous ma fenêtre, sans connaître sa haute qualité et ses qualités aimables, et je l'avais pris pour un ancien militaire. Je ne me trompais pas, en somme. Le prince avait servi dans l'armée serbe, avec un beau grade. En butte à la calomnie d'une famille jalouse de la sienne, et dont la haine était un de ces héritages que les pères, dans certains pays, lèguent religieusement à leurs enfants, il avait préféré la vie tranquille à la grande situation qu'il eût occupée dans sa patrie, et s'était retiré à Paris, le refuge des égarés.

Dès le premier jour que je le reçus chez moi, il me conta son histoire. Il avait de l'esprit et des manières charmantes, — avantages qu'on est heureux de rencontrer en toute occasion, mais, plus particulièrement, dans un gentilhomme. Par exemple, il détestait parler intérêts : le mot « argent » ne sortait jamais de sa bouche.

Nous faisions d'assez fréquentes promenades, mais dans l'appareil le plus simple. Je ne vis qu'une fois sa voiture, qu'on eût prise pour une remise, tant étaient simples les goûts du Serbe! Nous sommes allés une fois à Saint-Cloud, deux fois à Meudon. A Ville-d'Avray, nous nous sommes payé une partie à cheval. Cela m'a rappelé les excursions faites, il y avait plus de vingt ans, en compagnie de Williams, le propriétaire d'Albrect-Room. Il n'eut plus manqué, pour compléter l'analogie, qu'une partie de pêche à Charenton.

— Il me semble, disait le prince, que j'ai

encore dix-huit ans, et que je suis dans mon pays !

Ce cri du cœur est excusable chez un prince dépaysé, qui se fait, à Saint-Cloud, servir une matelote.

Il professait une grande admiration pour le théâtre de Dumas fils.

Il me dit, après la représentation de la *Dame aux Camélias*, à laquelle nous avions assisté ensemble :

— Cette histoire est la mienne, en faisant toutefois un homme de Marguerite Gautier, et du père Duval, une belle-mère.

Je n'ai jamais pu m'imaginer quelle pouvait être son histoire. Par moments il m'arrivait de croire que le digne homme avait un coup de marteau. D'autres fois, il me venait des soupçons sur sa qualité princière. Je me demandais — après je me suis repentie, mais on passe sa vie à se repentir, pour retomber dans son éternelle erreur. — je me demandais si je n'avais pas affaire à un escroc ?

Un soir que, dans mon appartement, le prince s'était retiré quelques instants, j'aperçus son portefeuille, resté par hasard sur une table.

L'idée me prit de l'ouvrir... Quelques billets de cent francs, des cartes de visite armoriées au nom du prince de Hersant, une adresse au bas de chaque carte.

C'était plus qu'il ne fallait pour me rassurer.

— Vous avez laissé votre portefeuille, prince, lui dis-je, dès qu'il entra dans la chambre. Je vous conseille d'être prudent. A Paris tout se trouve.

— A qui le dites-vous? me répondit-il. J'ai perdu quinze mille francs il n'y a pas un mois.

— Quinze mille francs! Et vous n'avez rien fait pour les retrouver?

— Mon Dieu non! si c'est un homme aisé qui les a recueillis, il fera mieux que moi les démarches nécessaires : si c'est un pauvre diable, il gardera pour lui l'aubaine, et m'obligera, même en m'épargnant la peine de stipuler avec lui une récompense.

Le prince, on le voit, était magnifique.

Je lui offris de faire les démarches à sa place.

— Ne parlons plus de cette bagatelle, me dit-il. La chose ne vaut pas le dérangement.

Il passa quinze jours avec moi, sans me faire aucune libéralité. Enfin le seizième, il s'exécuta... il m'exécuta plutôt, car il ne revint plus. Sa disparition coïncidait avec celle d'une broche de grande valeur, que je tenais du duc Jean.

Je ne suis pas allée faire à la préfecture une demande en restitution : j'aurais eu peur qu'on ne me jugeât trop amie de M. de Hersant.

Il était prince d'occasion, et chevalier... d'industrie !

XL

TROUBADOURS ET AMATEURS

XL

TROUBADOURS ET AMATEURS.

Je ne puis passer sous silence les amoureux plus ou moins platoniques, les troubadours qui sont venus sous ma fenêtre gratter de la guitare.

Le plus sentimental fut un homme jeune encore : barbe blonde avec les yeux noirs, type de beauté que j'avoue n'estimer que médiocrement chez un homme. Il portait un chapeau rond d'une remarquable hauteur, et un frac avec des pans absolument invraisemblables : sur l'habit, un pardessus qui lui venait à peine à mi-jambes. Je demeurais avenue des Champs-Élysées. Il était trois heures, et il pleuvait à torrents.

Mon poète, — ce ne pouvait être qu'un poète — passe, repasse, traverse la chaussée, va droit à un banc, situé juste en face de ma fenêtre ; puis ouvre son parapluie, l'écarte à l'envers, tire son crayon et le taille, les yeux braqués sur la fenêtre, derrière laquelle je me tenais en robe de chambre, spectatrice de son manège. Sans nul doute, il rêvait poésie, et s'apprêtait à m'écrire une ode brûlante. Je ne perdais pas un de ses mouvements, et le prenais en pitié. Sa main courait fébrile. Trois fois le crayon casse sous la tension de sa verve, trois fois il le retaille. Le chant est terminé et le poète trempé, grâce à son parapluie toujours ouvert, mais qui n'a pas un instant abrité sa tête. Il se lève, m'envoie un baiser langoureux, serre son poulet, et s'éloigne enfin, non sans se retourner plus de dix fois. Était-ce un songe ? Je serais par moment tentée de le croire, car je n'ai reçu de la poste aucune espèce de vers. Peut-être aussi le pauvre diable n'avait-il plus rien dans sa bourse pour affranchir. Peut-être, et c'est évidemment la vérité, a-t-il déposé sa poésie chez moi, dans la boîte aux journaux, où elle s'est confondue avec tant d'autres que je recevais quotidiennement ?

Sa mise râpée, son air déconfit, ses yeux battus m'ont fait appeler le lieu de sa station poétique : le banc des larmes !

Un autre jour, c'était au Bois, mais cette fois à six heures. Je me promenais au pas de mon cheval. Je vois sortir d'un fourré un homme en blouse. Il traverse l'allée solitaire que je suivais, et vient se camper en face de moi, sa pipe dans une main, l'autre main sur son cœur. Je fais faire un détour à mon cheval et passe outre. Quelques pas plus loin, j'aperçois un monsieur, mis avec élégance, qui m'envoie des baisers, avec des façons d'épileptique. Je mets mon cheval au trot, et disparais à un tournant. Là, j'entends derrière moi des voix. Je m'arrête, me retourne, et cachée derrière les arbres, je regarde. Le blousard avait rejoint le gentleman, et tous deux se roulaient par terre. Une scène de pugilat sans doute, provoquée par mon malencontreux passage.

LETTRES ET MORCEAUX DIVERS

Parcere subjectis et debellare superbos.

Sur la foi de votre devise
Jusqu'à vous laissez parvenir,
Sans le plaisanter sur sa mise,
Ce bien modeste souvenir.

X.

*
* *

POUR JOINDRE AUX FEUILLETS D'UN ALBUM

« Là, où fourmillent les beaux, aux courses, au Bois, elle donne le ton de sa personne et de son quadrige. Près du lac et sur le miroir des eaux, quand la femme et l'oiseau rivalisent de grâce, autour de ces lieux enchantés, l'avez-vous vue passer comme un nuage? flot de dentelle et de soie qui répand après lui des parfums inconnus? Quand elle s'arrête, c'est pour répondre du sourire et du geste à des visages amis. La Renommée et la Mode accompagnent partout cette blonde insulaire et la servent à l'envi. Aussi, en tous lieux où chante la gamme du plaisir, arrive harmonieux et doux, le nom de Cora Pearl. Tel aux rives de Lesbos et jusqu'aux pieds roses de Phrynée, arrive en doux murmure le flot bleu de la mer Tyrrhénienne.

» Oh ! si j'étais oiseau, je viendrais battre de mon aile, au-dessus de la couche et de l'alcôve, où, dans les bras du plaisir et sous la neige du lin, ferme et ouvre les yeux, languissamment étendu, le charme nu cher aux dieux et aux hommes.

. . . .

» J. S. »

*
* *

Boulogne (Seine), 22 janvier 1874.

« Madame,

» Vous devez être amateur du beau. Quoique n'ayant pas l'honneur de vous connaître, mon métier d'artiste fait que je désire vous voir.

» Je vais exécuter une statue, et je désirerais vous prendre pour type : c'est vous dire que je saurais sculpter sur le marbre non seulement les beautés plastiques dont la renommée est arrivée jusqu'à moi, mais aussi la vie et les indéfinissables passions dont ce charmant corps est animé.

» Veuillez, je vous prie, accepter ma présentation, que je fais moi-même, n'ayant entre artistes aucun besoin d'intermédiaires : et je vous prie d'agréer les sentiments de haute considération avec lesquels je suis

» *le sculpteur,* »
» Clésinger. »

*
* *

Cesson, 1ᵉʳ février 1874.

« Madame,

» J'ai reçu loin de Paris votre charmante et bonne réponse, aussi mon premier soin en arrivant sera de me présenter chez vous, dans les premiers jours de cette semaine. Et puis, vite au travail, n'est-ce pas ?

» Veuillez agréer, madame, l'expression de mes meilleurs sentiments et de mon inaltérable reconnaissance, pour l'aide charmant que vous voulez bien donner à l'artiste.

» Clésinger. »

***

« L'homme propose et la maladie dispose. C'est étonnant, du reste, comme elle dispose mal. Je suis rentré de Londres souffrant le diable et j'ai été envoyé à Aix-les-Bains, où je suis resté trois semaines. Maintenant me voilà rentré, et je suis repris par le collier de misère. Je répète tous les jours la pièce nouvelle, et n'en serai libéré que vers le milieu de la semaine prochaine. Laissez-moi vous assurer, ô Pearl, que l'on ne vous a pas vue au Bois, et que si l'on vous avait vue, on aurait eu l'honneur de vous saluer.

» C. »

***

« Ma chère amie,

» Voilà ce qui s'appelle une véritable tuile. Je reçois en rentrant un bulletin de lecture pour demain vendredi une heure, et ce sont des amis qui lisent. Je ne puis absolument me soustraire à un devoir professionnel : ce serait une cause sérieuse de brouille avec des hommes qui m'ont rendu des services. Mais croyez-bien que je suis désolé de ne pouvoir être avec vous à midi. Croyez que je suis désolé de vous prévenir si tard, et croyez surtout à mon désir de croire que vous ne m'en voudrez pas, et me donnerez au plus tôt la possibilité de réparer ce que je considère comme un chagrin.

» C.

*
* *

« Ma chère Pearl,

J'ai reçu hier, en sortant de ma lecture, la carte que vous m'avez envoyée au théâtre. J'aurais voulu vous répondre hier au soir, mais je n'ai pu trouver une minute, aussi je m'empresse de le faire ce matin. Je n'ai pas bien compris votre mot : « Une femme comme moi », et ce mot, je vous le renvoie. Une femme comme vous est une femme, c'est-à-dire un être pour lequel un homme doit avoir tous les égards, toutes les prévenances, et toutes les délicatesses. Si je vous ai prévenue tard, c'est que j'ai été averti tard ; si je n'ai pas donné la préférence à votre déjeuner, croyez que cela a été un ennui doublé d'un véritable regret : d'abord le regret de ne point passer deux heures à coup sûr gaies et charmantes, et l'ennui, en vous manquant de parole au dernier moment, d'entendre obligatoirement deux pièces ennuyeuses et dont la lecture a duré quatre grandes heures...

» Je pars samedi prochain, et je vais quitter pour six semaines ce Paris qui me plaît toujours, pour aller dans votre pays. Je n'ai rien de prêt. Je vais répéter et jouer tous les jours et soirs, je vais pourtant chercher l'éclaircie pour aller vous voir. Au revoir, car, malgré tout, je tiens à votre invitation pour le mois de juillet. J'irai vous voir en chasseur, et passer loin de tout bruit, une bonne journée de vraie campagne. Me refuserez-vous l'hospitalité promise, parce qu'un devoir impérieux m'a fait passer un instant à vos yeux pour un... Comment dirai-je ? Trouvez le mot, ma plume ne le trouve pas juste, et croyez, ma chère Pearl, aux sentiments les meilleurs de votre

» C. »

*
* *

> Qu'on les monte à part, en collier de bal,
> De toutes façons plus ou moins divines,
> C'est un usage assez banal
> Que de monter les perles fines.
> Le portrait que tu me destines
> Est au moins fort original...
> La perle montée... à cheval!

» Heureux de te posséder dans une si jolie pose.

» A. »

* *
*

« Ma chère amie,

» J'ai reçu votre lettre; pour faire vos plaisirs je viendrai demain moi-même parce que je part à l'instant même pour la course.

» Ma chère, hier soir, après ce dîner, j'étais malade à cause de chaleur, je vous demande pardon. J'espère de vous voir à la course.

» Mille baisés.

» Moustapha. »

ÉPILOGUE

ÉPILOGUE

C'est fini — fini avec mes Mémoires, — Ça commence ou ça continue pour bien d'autres. Il y a toujours des grâces attractives, comme il y a toujours des princes et des diplomates, des désœuvrés et des capitalistes, des gens de cœur et des escrocs. Si j'avais à recommencer ma vie, je serais moins folle peut-être, et plus considérée, non parce que j'aurais été plus estimable, mais parce que je me serais montrée moins maladroite. Dois-je regretter la condition qui m'est faite? Oui, si je considère ma pauvreté, non si je constate ce que m'aurait coûté ma quiétude. Si les louis sont faits pour rouler, les diamants pour briller, on ne saura me reprocher d'avoir détourné de leur destination ces nobles choses : j'ai brillé avec les unes, j'ai roulé avec les autres. C'était dans l'ordre, et je n'ai péché que par un trop grand amour de l'ordre, rendant à la circulation ce qui était à César, et à mes créanciers ce qui avait cessé d'être à moi. Honneur et justice sont satisfaits. Je n'ai jamais trompé personne, car je n'ai jamais été à personne. Mon indépendance fut toute ma fortune : je n'ai pas connu d'autre bonheur. Et c'est encore le lien qui m'attache à la vie : je le préfère aux colliers les plus riches, j'entends ceux qu'on ne peut vendre parce qu'ils ne vous appartiennent pas.

FIN

TABLE DES CHAPITRES

I.	— Pourquoi j'ai fait ce livre............	1
II.	— Mon acte de naissance............	5
III.	— Mon enfance. — La boîte à musique. — Maman se remarie............	9
V.	— Ce qu'il en coûte d'aller seule à l'office. — Le petit chaperon rouge et le loup. — Un grog fade. — Le lendemain..	15
V.	— Une mioche qui a le sens pratique...	25
VI.	— Williams Bluckel. — Je prends le nom de Cora Pearl. — Petite femme, petit mari. — Voyage à Paris. — Comment on s'y prend quand on veut rester..	29
VII.	— Mes liaisons à Paris. — Aménard. — Lassema. — Adrien Marut. — Un souper après le bal. — Marut père et fils. — Une montre acceptée, une donation déchirée. — Le duc Citron....	37
VIII.	— En patinant, Moray m'invite à l'aller voir à la Résidence. — Une grande dame jalouse de Gallemard............	49
IX.	— L'homme à la carabine..........	55

TABLE DES CHAPITRES

X. — A Bade. — On m'interdit le salon. — J'y fais le soir même mon entrée au bras de Moray 59

XI. — Encore à Bade. — Mon cuisinier Salé. — Comtesse et pois fulminants. — Sans le sou 65

XII. — Ce que coûte un séjour à Vichy. — Déplorable aventure de Castelnar. — Charades et tableaux vivants. — Un demi-mouton. — L'innocent Pigot et le chatouilleux Van der Prug 13

XIII. — Autre fumisterie. — A quoi tient un bureau de tabac 89

XIV. — Commet on s'y prend pour se faire saluer. — Daniloff et le collier de perles ... 95

XV. — Pour un million de parures. — 1,500 fr. de violettes de Parme au lieu de mousse autour des fruits. — Quatre verres cassés. — Un quatorzième convive 101

XVI. — Une donation promise, un cheval mort. — Première rencontre avec le duc Jean. — Ambassade : rendez-vous pris. — Une visite à la ferme. — Une tasse de thé chez moi 109

XVII. — La Blandin, mon intendante, grande confidente du duc. — Le duc Jean et de Rouvray. — Jalousie du duc. — Ses idées sur le progrès à l'étranger et en France 119

XVIII. — La clé d'une grande maison. — Racontars de la Blandin et de mon amie « La marchande de vins. » — Le régime du bon plaisir. — Une tête à travers la portière 129

XIX. — Une promenade en remise. — Quelque souvenir du duc de Bellano. — Le cocher et le zouave 137

TABLE DES CHAPITRES

XX.	— Rendez-vous à l'Exposition dans le salon du duc Jean. — L'intérêt qu'il prend aux découvertes. — Un double somme. — Attentions aimables. — Curiosité du duc pour les phénomènes supra-sensibles. — L'Empereur non moins curieux des mêmes faits	145
XXI.	— Après la guerre. — En Angleterre : cinq semaines avec le duc. — Coup de tête et coup de collier. — En Suisse : promenade sur le lac de Genève	155
XXII.	— En chassé-croisé de ducs. — Le duc Jean et le duc d'Hacôté. — Affranchissement insuffisant : conséquences. — Adalbert intervient	181
XXIII.	— Un vrai *comte* arabe : Khadil-bey, sa magnificence : sa délicatesse. — Grand dîner : Barru demande du vinaigre. — Reséda chante. — Une étoile de diamants. — *T'en n'auras pas l'étrenne !* . .	189
XXIV.	— Dumont Barberousse. — Une pochade à la Porte-Saint-Martin : personnages : Barberousse, Schalder, le colonel . . .	197
XXV.	— Comment se décide une excursion... en Suède, — Calval René et Gustave-Wasa. — Une pointe en Norwège. — Un ministre Anglican vient demander ma main.	203
XXVI.	— Lamentations	211
XXVII.	— Le baron de Burnel et M. de Dauban. — M. de Dauban à Mazas. — Projets industriels. — Obsession. — Gare la casse ! — Affaire Duval.	215
XXVIII.	— Après mon expulsion : séjour à Monte Carlo, à Nice, à Milan.	233
XXIX.	— Ma statue en marbre par Gallois. — Madame Desmard assiste aux séances . .	245

TABLE DES CHAPITRES

XXX.	— Un qui ne peut apprendre la danse : Le comte Dalstrowski	251
XXXI.	— Colibri. — Son génie administratif. — Batailles : susceptibilités. — Un drame dans une cuisine.	259
XXXII.	— Le duc de Nabaud prend mon parti. — Une missive de ma concierge. — Offres généreuses et désintéressées du duc à mon retour.	267
XXXIII.	— Gontran de Cédar. — Comment il en usait avec un philologue. — Jalousie de la comtesse Morgane. — Quinze jours d'attente. — Ma visite au château de Menon près de Paris. — A cache-cache. — Bronchite finale.	277
XXXIV.	— Comment et pourquoi je débutais aux Bouffes. — Kioupidon. — Quel succès!	291
XXXV.	— L'amant de cœur. — Ce que je pense du type. — Les cabotins. — Le seul que je me sois payé. — Deux sous de marrons. — Vieux habits, vieux galons ! .	299
XXXVI.	— Don Alonzo et la petite havanaise	307
XXXVII.	— Ma maison convertie en ambulance. — Ces messieurs de la Commission. — Tristesses et gaîtés.	317
XXXVIII.	— Trop de tendresse à la clé. — Bonsoir madame!.	327
XXXIX.	— Mes relations avec le prince de Hersant.	333
XL.	— Troubadours et amateurs.	341
	Lettres et morceaux divers	314
Epilogue	. . . .	355

F. Aureau. — Imprimerie de Lagny.

www.ingramcontent.com/pod-product-compliance
Lightning Source LLC
Chambersburg PA
CBHW070902170426
43202CB00012B/2164